灾害社会工作支援手册

黄匡忠 ◎ 主编

Handbook for
Disaster Social Work

·广州·

版权所有 翻印必究

图书出版编目（CIP）数据

灾害社会工作支援手册／黄匡忠主编 . —广州：中山大学出版社，2016.5

ISBN 978-7-306-05601-6

Ⅰ.①灾… Ⅱ.①黄… Ⅲ.①救灾—社会工作—中国—手册 Ⅳ.①D632.5-62

中国版本图书馆CIP数据核字（2016）第022222号

出 版 人：	徐　劲
策划编辑：	邹岚萍
责任编辑：	刘丽丽
封面设计：	林绵华
装帧设计：	林绵华
责任校对：	赵　婷
责任技编：	何雅涛
出版发行：	中山大学出版社
电　　话：	编辑部 020-84111996，84113349，84110779
	发行部 020-84111998，84111981，84111160
地　　址：	广州市新港西路135号
邮　　编：	510275　　　　传　真：020-84036565
网　　址：	http://www.zsup.com.cn　E-mail:zdcbs@mail.sysu.edu.cn
印 刷 者：	广东虎彩云印刷有限公司
规　　格：	787mm×1092mm　　1/16　　16.75印张　　174千字
版次印次：	2016年5月第1版　2021年7月第3次印刷
印　　数：	1001～1500册　　定　价：48.00元

如发现本书因印装质量影响阅读，请与出版社发行部联系调换。

前 言

　　社会工作者在灾难发生前后都扮演着独特的角色，不可替代。以前救灾就是救死扶伤，是生理性的救助。现代的救灾，是全人健康的救助，包括生理、心理和社会健康。所以，救灾不单是消防、公安、部队和医护人员的工作，社会工作者、心理咨询师、精神科医生也要同时到达现场，并发挥各自的作用。

　　社会工作者可以协助救济物资的调配和发放，负责救助者中心的设计和管理，招募和组织志愿者，提供心理抚慰和个案辅导，组织常规小组与群体活动，促进灾民自我康复与重建。灾难未发生时，社会工作者可推动防灾避灾的教育。

　　这本手册提供了简单易行的指引，让我们面对灾害而有所准备，从而有效应对和解决灾害带来的后果。

主编　黄匡忠
2015年12月

目录

1 无国界社工之灾害回应机制和支援
1.1 "心灵天使——灾后支援服务行动"计划/2
1.2 灾后工作架构及流程/8

2 认识灾难
2.1 认识灾难/14
2.2 灾难心理反应的阶段/19
2.3 灾后人们的一般心理特征/25
2.4 不同群体的心理反应与处境/27

3 灾后社会工作介入模式
3.1 灾后社会工作介入的研究/34
3.2 灾难应对阶段与社工角色/36
3.3 灾难应对阶段与社会工作模式/42
3.4 ACT社会工作介入模式/46

4 评估与行动
4.1 ACT模式之灾民需要评估/50

4.2 前期评估工作（灾后首个月）/51

4.3 中长期评估工作（灾后1～3个月）/60

4.4 开展评估工作之方法与技巧/65

5 早期服务之4C——介入、连接、哀悼、解说
5.1 ACT模式之危机介入/94

5.2 危机类别——事态危机/95

5.3 危机反应/96

5.4 危机发展阶段/98

5.5 阿伯·罗伯特的危机介入七步曲/100

5.6 七个处理危机介入的禁忌/105

5.7 危机介入中的3C方法/106

目录

6 悲伤辅导与创伤障碍
6.1 悲伤辅导中的接纳与重建/148
6.2 创伤障碍的检测与治疗/156

7 灾后重建社会工作服务——以北川擂鼓社区为例
7.1 灾后社会工作的四个阶段/170
7.2 社工的角色/171
7.3 推动社区参与，重建社会融合/175
7.4 北川擂鼓社区康复服务/182

8 灾害社会工作者个人防护
8.1 个人防护装备/192
8.2 工作/服务物资检查清单/199
8.3 个人心理预备/199
8.4 领队须知/204

8.5 常见自然灾难避难知识/208

8.6 安全守则/214

8.7 救灾人员的自救锦囊/218

附录 无国界社工介绍及灾难课程/231
参考文献/247
后记/257

1

无国界社工之灾害回应机制和支援

1.1 "心灵天使——灾后支援服务行动"计划

1.1.1 行动中的关怀

每当发生特大自然灾害，造成人民伤亡与经济损失，灾区人民痛失亲人与家园，身心陷入深层悲痛时，灾民亟须接受心灵上的支持。无国界社工经过初步评估后，马上组织被誉为"心灵天使"的社会工作者抵达灾区，为灾民提供及时的心灵辅导服务及"身""心""社""灵"发展活动，希望能逐渐恢复灾民生存的勇气以及对生活的信心。

无国界社工是灾后人道关爱组织，致力于为灾后居民提供心灵重建及发展社会工作项目。无国界社工起源于2004年南亚发生惊天海啸后的一次"无国界行动"。当时，一些有志于在灾后提供专业服务的社工组成无国界社工，于2005年1月6日派出五位社工及一位教师，肩负无国界社工的使命，远赴泰国，向当地有需要的灾民提供专业服务，传达我们的关怀。经过一年的服务和努力，于2006年2月2日在香港成为注册免税慈善团体（编号 91/7993）。无国界社工不分政治、种族、宗教或国籍，以专业社工为主，秉持爱心无国界的信念，提供专业志愿服务，为处于灾难或困境的家庭及个人提供情绪、精神健康支持及心灵重建服务。

1.1.2 重塑生活的意义

社工为灾区居民提供灾后支援服务，让灾民得到爱与关怀，重拾尊严、信心与希望。通过加强灾后支援服务工作，让更多灾民受惠，同时唤起更多人自愿加入成为"心灵天使"，协助灾后心灵重建工作。这也让我们从苦难中看到生命的有限与无限、脆弱与坚强、卑微与崇高，以及被激发的人的无限潜能与生命力量。

1.1.3 开展服务的原则

1. 安全原则

在灾后支援服务行动中，工作人员应当把自身安全放在首位，切记勿草率行事，需要认真了解和评估当前状况，认真听从领队的指挥。对协作的服务单位或个人，不可盲目地给予超越其本身能力的项目和工作。在可能的情况下尽力争取治疗时机，同时避免差错事故，并尽量节约人力和物力资源，以保证较好的服务质量。

2. 协作原则

灾后支援服务行动是一个以社工为主的工作平台，但仍需要社会福利界的同仁、社会各界爱心人士和政府机构相互协作、共同参与，才能发挥灾后支援工作的最大作用。

3. 优先原则

灾后支援服务以心灵重建为主，优先考虑容易受到生命威胁的居民，如儿童、老人及残障人士。

4. 灵活原则

灾后支援服务行动是以灾区居民为本的工作，在遵循规范守则的同时，还需要根据实际情况灵活应变。所有支援服务项目皆须根据灾民需要而制定，以方便灾民和节约为前提开展，以灾民所需服务效果作为核心衡量标准，而不是以经济效益为唯一核算标准。

5. 紧急应变的纲领

处理灾难事件的一般目标是以有限的资源，发挥最大的功效，将伤亡减至最小。简单来说，应变的纲领包括四个C。

（1）指挥（Command）：处理灾难事件往往需要临场作出决定，不同岗位要有不同人士负责。例如，现场灾后支援服务领队需由有灾后支援服务经验的社工统筹前线社工，进行分流及紧急心理辅导。

1. 无国界社工之灾害回应机制和支援

（2）管控（Control）：集中所有人力资源，由领队统一控制调配，务求发挥最大的效益。各前线社工每天完成任务后应向现场领队报到。

（3）协调（Coordination）：不同部门及救援单位同时在灾难现场参与救援，为减少混乱，顺利处理灾难事件，必须顾及不同层面单位的协调，各单位的统筹通常由该区救援组织总指挥部负责。

（4）沟通（Communication）：为确保指挥、控制及协调工作有效地进行，通讯非常重要。所有重要资料包括最新情况、伤亡数目及情绪状态等，必须快速而准确地传达予各有关人员。

图1-1　"心灵天使"在灾区带领儿童开展活动

1.1.4 灾后支援服务的特色

从2004年南亚海啸到2015年,十年之间,自然灾害不断发生,如地震、水灾、火灾、台风等。回忆十年前,无国界社工前往南亚海啸灾区提供灾后支援服务,有人说:"世界之大,遇难者家属那么多,当地政府也解决不了,你们语言不通,可以做些什么?"无国界社工陈万联应说:"不管遇到怎样的艰苦情况,只要愿意用真诚和爱心,便能陪伴灾民走过生命最无助的时候。我们怀着三颗心:爱心、信心、恒心;坚守三个不:不计较、不放弃、不灰心。"把爱撒播在地球村,激发广大有爱心的人,满怀热忱地投入灾后支援服务行动的义工行列,为与我们毫不相识的人无偿工作,这就是我们的目的,也是我们的特色。

1. 志愿参与

灾后支援服务行动主力为社工及其他爱心人士,义务自觉参与行动,抱着诚心关怀和无私信念开展工作。随着多种形式和多类型项目的进行,越来越多的社工及非社工人士积极踊跃地参与行动。

1. 无国界社工之灾害回应机制和支援

2. 迅速反应

灾后支援服务行动坚守黄金72小时原则，尽心尽力，当灾难发生后，迅速组织义工赶赴灾区，为有需要的人士提供心理及情绪支援服务。

3. 爱与关怀

灾后支援服务行动以人为本，实实在在地为受灾难影响的灾民提供服务。

正是因为有"爱"，所以燃起"信心"；也因为"行动"，所以绽放出"希望"。这个口号使我们切合实际、有成效的灾后支援服务项目得到不断发展。我们的目的始终只有一个，那就是不畏艰险，历尽艰辛，以灾后辅导原则和信念，为身处苦难的灾民送上温暖和关爱，使灾民心灵恢复健康，重获希望。

图1-2　用爱和真诚陪伴灾民

1.2 灾后工作架构及流程

1.2.1 危机信息小组

当灾难发生后,由机构有救灾经验的职员(2~3人)组成的危机信息小组马上搜集灾情及救灾资料,包括受灾情况、受灾人数、交通情况等,整合后提交给灾难紧急回应委员会(以下简称"委员会")。

1.2.2 灾难紧急回应委员会

委员会马上召开会议,决定是否指派评估人员前往灾区及讨论评估队工作安排。委员会定期更新准则来评估是否需要出队,这些准则包括灾难的类型、发生地区、伤亡人数、国家或地区救灾机制等级等。

1.2.3 灾难评估队

如确定不出队,危机信息小组会继续留意灾情;如确定出队,会马上招募合适的评估员。第一队评估队由2~3人组

1. 无国界社工之灾害回应机制和支援

成，包括职员和社工（灾难评估员）。灾难评估员须拥有3次及以上灾后救援经验或其他相关经验。职员人选可以是本港员工或是机构在中国内地项目员工。

图1-3　评估队在尼泊尔灾区进行评估

1.2.4　灾难评估流程

评估队尽快出发前往灾区，一般停留5~8天。主要工作为评估是次灾难对灾民的影响，提供即时情绪心灵支援服务，探索建立后期服务点可行性，连结当地网络及资源等。评估队回港后会提交评估报告予委员会，委员会将对是次灾难的跟进方案给予建议，最终由董事会作后续行动方案决策，详见图1-4。

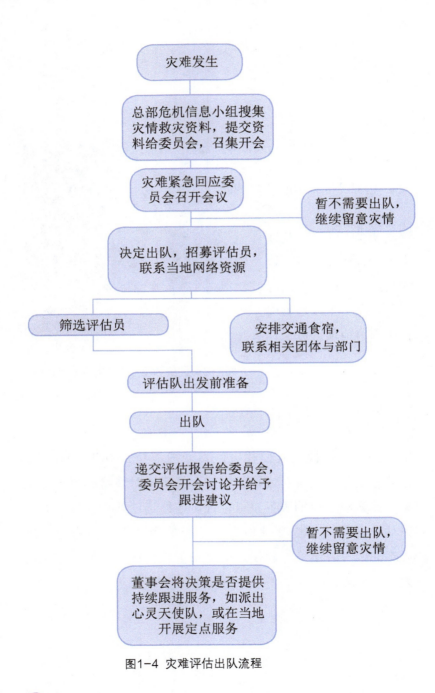

图1-4 灾难评估出队流程

1. 无国界社工之灾害回应机制和支援

1.2.5 无国界社工在灾难不同阶段介入手法及重点

1. 灾难发生前的准备
（1）义工招募及培训。
（2）防灾备灾讲座宣传。

2. 第一阶段（灾后1个月左右）：实时情绪支持
（1）为灾民提供及时情绪支持和灾后解说会。
（2）评估筛选出适合队伍开展灾后支援服务的安置点。

3. 第二阶段（灾后1~3个月）：陪伴和协助情绪抒发
（1）社区需要评估。
（2）开展持续性、治疗性小组，协助灾民互助。
（3）举行哀悼及纪念活动，有助于抒发情绪。

4. 第三阶段（灾后3~12个月）：支持灾民恢复日常生活
（1）协助灾民重新规划未来生活及生计。
（2）开展各种成长、互助小组，协助其适应新生活模式。

5. 第四阶段（灾后1～3年）：支持灾民重新建立生活，齐心参与社区重建

（1）协助灾民处理灾后衍生的问题，如家庭重组、失业、隔代亲子、文化承传。

（2）发掘社区中的居民领袖和志愿者，重点培养互助力量。

（3）协助居民投入新社区，推动社区恢复和谐。

图1-5　地震后灾民居住的帐篷安置区

2

认识灾难

2.1 认识灾难

2.1.1 定义及分类

1. 灾难的定义

灾难是在特定时空，突然发生的、毁灭性的、严重打乱一个社区/社会原本运作功能的事件。它的到来，会

图2-1 菲律宾"海燕"风灾后实景

2. 认识灾难

造成人身、财产、经济、环境的重大损失，进而导致社区/社会在短时间内无法依靠自己的能力/资源来承载。（International Federation of Red Cross and Red Crescent Societies,2015；钟起岱，2003）

2.灾难的分类

（1）自然灾难：是物理现象导致的或急速或缓慢发作的自然发生的事故。可以是地球运动造成的（如地震、山体滑坡、飓风和火山喷发），可以是水系统的（如雪崩和洪水），可以是气候领域的（如极端天气、干旱和野火山火灾），可以是气象学的（如龙卷风、风暴/波潮），可以是生物学的（如流行性疾病，或虫类/动物瘟疫）。

（2）科技/人为灾难：是人为导致并且发生在人类居住环境中或者周边的事故。包括环境恶化、污染和意外事故，各类复杂紧急事件/冲突，饥荒、人口流离失所、工业事故和交通事故。目前人类会面临一系列的挑战，如气候变化、未合理规划的城镇化进程、落后/贫穷，甚至还有来自流行病毒的威胁。这些都将增加灾难发生的频率，加重其复杂性和严重性。（International Federation of Red Cross and Red Crescent Societies, 2015）

2.1.2 不同灾难的特性

每种自然灾难或人为灾难都有各自的特性，发生后对人们的影响也稍有不同。表2-1简要说明了比较常见的灾难（以无国界社工曾经参与过的灾难救援行动为例）的共性及其各自的特性。基于本手册的特点，这里强调的特性尤指对人当下的影响部分，并未涉及更加广义的特性层面。

2. 认识灾难

表2-1 常见灾难比较一览

灾难		共性	具体特性 （尤指对人的影响）
自然灾害	地震	广泛性、区域性、频繁性、不确定性、过程的周期性、不重复性、自然灾害的关联性、危害的严重性、不可避免性、可减轻性（朱、刘，2004）	几乎无预警期，突发性让人们猝不及防，令人恐慌，易造成灾后心理阴影甚至更严重的后果 地面、建筑物的破坏对人的财产造成难以预计的损失 次生灾害易发生，亦对人们造成再次伤害和恐惧 人们对失踪人员抱有较大存活希望
	水灾/风灾		有一定提前预警期，死伤人数较其他影响较少 对房屋财产及农作物伤害巨大，灾难过后人们面临较长时间的清淤、修理、打扫等重体力活，容易体力透支、心烦、劳累，以及带来经济上的负担 引发的次生灾害如滑坡、泥石流、疫病的危害不容小觑
	泥石流		发生当下基本没有逃跑时间 失踪基本上等于死亡 破坏极具毁灭性

续表2-1

灾难		共性	具体特性 （尤指对人的影响）
科技/ 人为灾难	火灾	多涉及人为疏忽，灾民容易产生愤怒的情绪，引发不满，要求赔偿	财产损失严重； 容易对人的容貌造成严重伤害，导致产生心理阴影 若为人为或责任性事件，受害者及亲属的愤懑情绪会高于自然灾害
	恐怖性事件		无预兆性突然发生，伤亡惨重 事由因果的不确定性会加重人们对发起恐袭群体的猜疑、愤怒和不解 政府/事件责任方的补贴及处理方式易影响伤/亡者及其家属的情绪
	化工厂爆炸及生产事故		多涉及人为疏忽，灾民情绪激动，敌视生产管理方

2. 认识灾难

2.2 灾难心理反应的阶段

在灾难的不同阶段，人们的心理反应也相对应地发生着变化，也出奇地有相同的过程，这里指"一般心理反应过程"，当然不同类别的灾难与不同的个人也会不同。在认识灾后心理的普遍性（Universality）的时候，我们也要注意个别化（Individualization）。每一位幸存者的个人抗逆力和脆弱底线进行着博弈，灾难无法避免会对个人的心理和社会功能造成不良的影响。了解灾难不同阶段的灾民心态可让从事灾难服务相关领域的工作人员找到工作的接入点和服务方向。（Dewolfe, 2000）

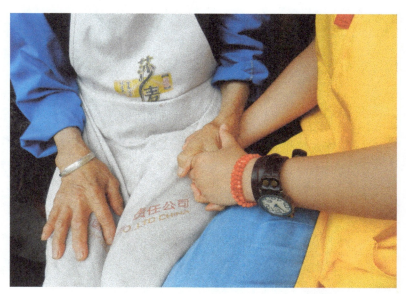

图2-2 "心灵天使"在灾区提供即时情绪支持

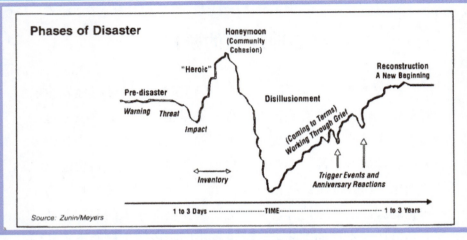

图2-3　灾后心理反应阶段与过程

从图2-3中我们可以看到灾难发生前后的不同阶段。每一阶段人们的心理反应都发生着变化。（Zunin & Myers, 2000）

2.2.1　预警/恐慌阶段（Warning/Threat）

不同的灾难在预警阶段有着不同的信号。很多时候，没有任何预警的灾难会给人们带来更大的恐惧和无助。尤其是当人们在没有任何预备的情况下遭受了亲人离去，他们会产生明显的自责和内疚。

一般来说，地震是最常见的没有任何预警的灾难；而飓风、洪水等，一般都会提前数小时或数天有相关的预警通知。（Dewolfe, 2000）

2. 认识灾难

2.2.2 冲击阶段（Impact）

灾难发生阶段的激烈和严重程度，决定了经历灾难的人们的心理反应程度。灾难冲击下，根据不同的灾难，人们会有从紧压感到呆滞到非常态的恐慌再到歇斯底里等反应。更为典型的是，人们最初不会去相信发生了什么而集中精力去确定自己的家人或最亲近的人是否安好。灾难发生时，一家人在不同的地方，而无法立刻确定对方的消息，幸存者会有一段时间的焦虑，直到家人重聚。（Dewolfe，2000）

2.2.3 勇救/英雄阶段（Rescue/ Heroic）

灾难发生后短暂的时间内，是抢救生命并转移到安全区的黄金时间。有些人因受创后的迷失感会导致生理上产生积极参与的救援行为。然而他们在行动上表现得相当积极，实际成效却是非常低的。"英雄"或利他主义的现象在幸存者和灾难回应的人群中较为突出。

分散和重新安置受灾人群的过程中，会在很大意义上影响人的心理反应。例如，当有大量伤亡或家庭成员需要分开时，幸存者在此期间或会出现创伤后反应。（Dewolfe，2000）所以在灾后紧急安置的阶段，社工及时在安置点就近陪伴伤员，实时给予支援和安抚，可以有效地遏制在此时出现的灾后创伤反应，避免在后期出现更大的心理影响。

2.2.4 补救/蜜月阶段（Remedy/Honeymoon）

灾难发生后的一周到数月内，政府相关部门以及各个不同组织的志愿者团队都将到达灾区给予援助。受灾人们一时间将得到很多的协助，也会让他们短暂地感受到力量和希望，认为这一切会让他们的生活好起来。这一时期，如果从事心灵工作的人员可以与灾民建立良好的关系，将对之后灾民的困难期到来时，为他们提供更进一步的协助提供基础和条件。（Dewolfe，2000）

2. 认识灾难

2.2.5 盘点阶段（Inventory）

从灾难发生后到临时安置阶段的开端，灾民逐渐意识到灾后援助的有限性，随着体力的消耗，并逐渐开始担忧无法计量的损失，财政压力以及之后如何重建家园的压力，等等。之前不切实际的乐观会进一步导致灰心丧气甚至崩溃。（Dewolfe, 2000）

2.2.6 幻想破灭阶段（Disillusionment）

随着灾后救援组织的撤出、政府的补贴结束，灾民会感到被抛弃，从而产生愤懑情绪。（Dewolfe, 2000）这是我们经常说到的再次伤害。面对现实，灾民越来越能感受到眼前与灾难发生前的落差。来自各方的压力侵袭而来，家庭的分开、财政危机、政府的官僚主义、房屋重建、没有休闲时间、身体健康问题等等，都会困扰着他们，让他们的压力无形中越来越大。此外，不同社区间受灾程度的不一更会导致受灾严重的灾民的心理不平衡。同时，邻里关系网络会因受灾程度和接受帮助程度的不一致而产生分歧甚至敌意。这些都威胁着社区的凝聚力和本来的内在资源。（Dewolfe, 2000）

2.2.7 重建/恢复阶段
（Reconstruction/Recovery）

灾后的房屋重建和心灵重建是相当漫长的一个过程。在这个缓慢的过程中，灾民会逐渐意识到，只有他们自己才能担负起最大的责任来重建家园、重拾生活。在重建阶段，新的邻居、新的房屋和道路环境会给灾民适应新的生活带来新的问题，与此同时，他们还在处理自己的哀伤和难处。家庭内部的情感支援此时也凸显疲惫，来自家庭周围的好友网络等也会变得相当薄弱。

当灾民在这段时间开始反思生命的意义和个人成长，在灾难的失去当中发现希望时，他们就已经真正意义上走上了重建和复原的路。这一阶段的长短取决于当初灾难的性质和受损程度，还取决于每个独立的个人或者社区的抗逆力等因素。（Dewolfe, 2000）图2-3中标注的这段时间通常为1～3年，根据台湾地区的经验，灾后重建甚至需要3～6年，乃至更长的时间。

2. 认识灾难

图2-4 房屋的灾后重建是横在灾民心中的大难题

2.3 灾后人们的一般心理特征

灾难发生后，人们会有一些本能的反应来应对。不同文化、不同社会角色、不同经济地位、不同性别和年龄的人们可能会有不一样的反应。我们首先来看看大部分成人面对灾难时，普遍会有哪些特征（Symptoms）。

(1) 担忧基本生存；

(2) 为自己深爱的人/物而伤心；

(3) 为自己个人安全和所爱之人的安危而焦虑担忧；

(4) 睡眠受到困扰，经常做噩梦或者与灾难当时情景相关的梦；

(5) 担忧安置居所的划分，重新安置后或会与亲近的人分离，或者担忧安置点混乱拥挤的生存条件；

(6) 需要倾诉所发生的事，以及与灾难有关的自我感受，经常会重复述说；

(7) 需要被认可是社区中的一员，是可以为灾后重建努力的一员。（Dewolfe,2000）

2. 认识灾难

2.4 不同群体的心理反应与处境

2.4.1 不同年龄组人群反应

不同的年龄组人群灾后心理反应过程类似,表现却大不相同(Dewolfe,2000)。社工介入手法也要因应不同年龄人群进行调适。

表2-2 不同年龄组人群面对灾难的身心反应及介入建议

年龄组	行为特征	生理特征	情绪特征	介入建议
儿童 (6~11)	在校表现下滑 在家或在校有激进的行为 多动或者愚蠢行为 呜咽、依赖,表现得比实际年龄更小 为争取父母的关注,积极地与自己的兄弟姐妹竞争	口味改变 头痛 胃痛 噩梦,睡眠问题	不想去上学 回避各类社交活动 易怒冲动	给予更多的关注 暂时放下对他在家/在校的表现期待 对激烈的行为有好的设定限制并严格执行 鼓励用游戏或者口头表达方式来形容感受和想法 聆听小孩关于灾难事件的重复描述

年龄组	行为特征	生理特征	情绪特征	介入建议
青少年（12～18）	在校表现下滑 在家/校出现叛逆行为 良好行为减少 能量明显下降，活跃度降低 犯罪行为 排斥社交 退缩与孤立 不愿离开家 运动能力受限 重新安置的适应性问题	口味改变 头痛 胃肠道问题 皮肤毛病 抱怨身体各种隐约的疼痛 睡眠障碍	对同辈间的社交活动失去兴趣 哀伤或者抑郁 觉得不足和无助	给予额外的关注 鼓励其与朋友、同辈讨论灾难经历 避免强迫其与父母讨论感受 鼓励其多运动 鼓励其多参加社区/学校举行的支持小组和活动
老人	退缩与孤立 不愿离开家 运动能力受限 重新安置的适应性问题	原本的慢性病趋于严重 睡眠困扰 记忆问题 身体症状问题 易感染风寒 身体感官机能恢复受干扰（视觉、听觉）	退化 对失去表示绝望 低落 疑惑，无方向感 怀疑 易怒，生气 恐惧制度化 对不熟悉的周围感到焦虑 对接受"发放物资"感到尴尬	给予坚定有力的口头保证，使其放心 提供指引性的消息 协助其处理医疗和财政问题 协助其重新建立社交网络和支援 对其安置提供额外的关注，尽量寻找最合适的 鼓励交谈灾后的损失，鼓励其表达情感 关注其饮食、健康运动，经常家访，等等

2. 认识灾难

2.4.2 几类人群的心理反应与特征

有几类人，因其性别、角色和所受影响程度等特殊性，需要对其特别加以关注和关怀。

1. 妇女的心理反应与特征

由于在多数文化背景下，尤其是多数自然灾害发生的偏远山区、落后地区，更多的女性角色是全职在家养儿育女、照顾老小，她们的社会地位和家庭角色让其在面对灾难时更加无助和脆弱。在灾后常有的症状中，如创伤后应激障碍症（Post Traumatic Stress Disorder，简称"创伤障碍"或PTSD)、焦虑、抑郁等，女性占的比例明显偏高。灾难发生后，她们或许会面对更多的家庭暴力、比其他人少的协助，因性别而遭受不公的待遇。在灾难中失去伴侣的女性，相较男性而言，更难找到新的伴侣，开始新的生活。此外，因一直以来缺少离开家庭的生存技能，她们也很难找到工作来维持生计。她们的丈夫往往在灾后便离开家庭前往经济发达地区工作，留下妇女及老弱，妇女则更加需要独立面对一切。

由此可见，妇女在灾后需要面对相当多的挑战和困难。但同时，妇女也有其擅长之处。她们更擅长于社交网络的建立，她们在灾后通过互相倾诉来排解压力。在条件成熟或者有机会的情况下，她们可以成立基层的互助小组；同时，她们可以通过灾后不同组织提供的协助获得新技能来取得经济收入。这些方面都是在协助妇女群体时，灾区工作员可以尝试的。
（Ehrenreich，2001）

2. 幸存者的心理反应与特征

灾难发生的当下，逃生成功的幸存者会有一连串前文提到的反应，如惊吓、害怕、惊恐、困惑、盲目、不知所措等等。这些都是人们在非正常情况下的正常反应。他们需要一些基本的照顾，如安抚、保护、安全感。另外，协助走散的幸存者找到他们原本的聚落、家庭等，有助于他们较快平复，找到安全感。

幸存者们需要尽快得到信息，不仅仅是有关自己亲近的人的信息，更重要的是关于他们自己的，例如，这里发生了什么，正在发生什么，之后会发生什么的信息。确切的消息和良好沟通管道的建立，有助于他们消解焦虑和重新建立秩序。
（Alexander,1990）

3. 伤残者的心理反应与特征

因灾难而导致伤残，尤其是肢体残障的人，首先，需要良好的医疗康复，尽量将伤残的程度减少到最低。其次，因为

2. 认识灾难

生活不能自理，生活上需要帮助，同时又难以接受现在的自我或许将长期被困扰，需要从心理层面协助其接受现实、走出阴影、重新树立对生活的希望，这些可以在康复及生计协助中同时进行。

4. 遇难者家属的心理反应与特征

遇难者家属是最直接受到灾难重击的群体。他们因痛失亲人，尤其是当家属与死者关系非常亲密的情况下，家属非常容易有抑郁、哀恸的反应，同时会产生自责、负罪感、愤怒、自我否认等情绪，即内疚。生理上会有失眠、食欲不振、胃痛、头痛等反应。（新华网，2010）此外，这类遇难者家属走出哀伤的过程较其他人群要长，需要的支持和陪伴比其他人群要多。要警惕灾难发生后不同阶段遇难者家属的反应，因个人抗逆力、受挫力的不同，他们或/会不同程度地出现灾后创伤的反应，甚至自残、自杀，或者病变至创伤障碍。

5. 目睹者的心理反应与特征

灾难目睹者虽然没有直接受到灾难的伤害，但是基于灾难的突发性和严重性，完全没有或较少接触过灾难的目睹者将同样受到生理、心理的不同反应和困扰。例如，不少目睹者会出现失眠、心烦、惊恐、焦虑、无法集中注意力等一系列灾后反应。这些反应若是短期出现，都是不正常情况下的正常反应。

但若是这些反应严重影响到了目睹者的日常工作与生活,则需要心理介入或辅导来协助其恢复常态。通常针对目睹者,可以同理地聆听、陪伴和支持他们,也可以通过灾难事件压力解说会来缓解灾难带来的困扰。

6. 救援人员的心理反应与特征

在一线的救援人员目睹无数人死亡、伤残的悲剧,身心疲惫。因为专业的缘故,他们自身有一种使命感或者职业精神,认为他们的任务就是要无私地救人,他们有能力有义务去做,等等。他人的期待和自身的压力会让他们产生倦怠(Burnout)状态,如明显的疲惫感,失去精气神,无法集中精力,身体反应如头痛、肠胃不适、失眠,等等,进而影响行动效率,不信任团队或者督导,开始酗酒、不断抽烟等。对于此时的他们,一定的心理支持和介入是非常有必要的。此外,有条件的情况下,可以为他们开设灾后心理复原小组。(Dewolfe, 2000; Ehrenreich, 2001)

13 灾后社会工作介入模式

灾后社会工作介入的研究

在重大灾难事件发生之后，社会工作者经常显得手足无措，一方面恨不得立即奔赴现场，贡献自己微薄的力量，参与救灾；另一方面又缺乏完整的灾后社会工作实务指引，以指导站在第一线的社工人员如何回应及介入。在不同地区发生地震之后，包括台湾及伊朗地震，参与救灾的社工研究人员，均有作经验总结并以论文形式发表，研究的内容包括不同年龄受灾者的心理特征，福利及社区团体如何有效回应灾难，灾后辅导及社会工作介入技巧等。但在灾难后根据受灾地区不同的受灾程度、受灾者不同的受灾处境、从危机时期到重建时期，亦即根据受灾者个人、群体以至社区不同时期的不同需要，社会工作者可以如何介入、哪些服务模式较为有效，是本文希望探索的课题。

有关灾后社会工作介入的文献，在20世纪80年代之后陆续涌现。C.M.Seroka, C.Knapp, S.Knight, C.R.Siemon, and S.Starbuck（1986）发表了"灾后辅导综合程序"的文章，而C.L.Dufka（1988）在墨西哥城地震之后亦分析了社工的角色。在90年代的洛杉矶地震、Oklahoma炸弹事件、纽约

3. 灾后社会工作介入模式

9·11事件、台湾9·21大地震和2003年12月26日伊朗大地震之后，曾参与救援的社会工作者都不断尝试总结经验。Chou Y. C.（2003）更具体提出灾后社会工作应纳入社会工作教育课程之内。

红十字会在救灾方面有悠久的历史，但亦延至1989年才确认须订立一套有组织和有系统的计划，为灾难者生还者提供完整的灾难心理健康服务程序（Weaver, Dingman, Morgan, Hong & North, 2000）红十字会强调灾难后必须成立一个跨专业合作的、目标一致的灾后辅导队伍，成员包括心理学家、精神科医生、护理人员、社会工作者、婚姻及家庭治疗师、心理咨询师等，团队共同协作，参与救灾行动。参与救灾超过一百年的救世军，亦在9·11事件之后总结了作为一个机构如何在灾难事件之中介入的程序（Dalberg, 2002）。

在5·12特大地震发生之际，内地与香港社工人员均非常盼望亲赴现场，参与抗震救灾。但我们与台湾的社会工作者一样面临训练不足的景况，而且是次汶川大地震所涉及的地域与人口，是台湾9·21地震所无法比拟的（台湾9·21地震中有2321人死亡，8739人受伤，39人失踪，40人确定被埋葬，60万人无家可归）。中国的社工队伍尚在建设之中，非政府志愿组织除红十字会外亦欠缺救灾经验，因此社工服务的救灾工作开展遇上了更多的困难。

灾难应对阶段与社工角色

对于灾难回应或应对（Response）的阶段划分，国际上有不同的说法。

早期文献把灾后工作分为两个阶段。第一阶段重点是救援与安置，第二阶段重点是重建（Webster, 1995）。在灾难管理的整个周期中，从救灾准备、执行、回应、恢复到缓解各环节，社会工作者均可扮演积极的角色（Dodds & Nuehring, 1996）。

其后，有学者从灾害管理模式的方向来区分应变阶段，把两个阶段的理论发展为四个阶段：

3. 灾后社会工作介入模式

（1）缓冲/预防期（Mitigation Prevention）。在缓冲或预防阶段，政府、社区、个人对灾害的来临进行管控，保护将要受灾的地区民众，将受害程度减到最低。

（2）准备期（Preparedness）。因应将要发生的灾难，做充足的准备。如通过各类防灾/备灾手法、预演、宣传、警报灯，装备民众与专业救援人员。建立应变小组，提前整合应变资源等。

（3）回应期（Response）。回应阶段是灾难来临时，紧急应对、撤离、收容、救治、安置等资源调动、连接、结合一整套灾难救援的阶段。救援的同时预防次生灾害的发生

（4）复原期（Recovery）。复原阶段指灾后重建的阶段，包括硬软件的综合复原。民众生活区域的重建及人从灾难中复原的整个过程，整体复原所需的时间因灾难程度而异，因个人受灾情况、身心抗逆力承载力而异（钟，2003；社区发展季刊，2010）。

Chou Y.C则把四个阶段简化为三个阶段，即应急回应（Emergency Response）、恢复回应（Recovery Response）、防避回应（Preparedness Response），并提出

图3-1　社工为家庭和个人提供支持

在不同阶段中社会工作者应扮演的角色（Social Worker's Role）而列出社会工作教育的内容（Social Work Education Tasks）（Chou，2003）。

Chou发现在台湾9·21大地震之后约有2116名社工参与了灾后救援，但在抽样调查的423名社工当中，只有10.8%曾有灾后经验，而且只有6.4%曾接受不同形式的救灾训练。参与救灾的社工人员大部分（65.8%）于灾后一周投入救援，而只有小部分工作人员（5.8%）于第三周之后仍参与灾后重建工作（Chou，2003）。他进一步认为灾后服务中的社会工作功能可以包括以下范围（Chou，2004）：

3. 灾后社会工作介入模式

图3-2　社工通过社区活动为灾民注入希望

（1）为家庭及个人提供支持；

（2）联系个人需要与资源，以协助服务对象主动寻求资源；

（3）预防严重的心理及生理问题；

（4）预防个人、家庭、小组、社团及社区之解体；

（5）改变微观及宏观制度以改善服务对象之生活状况。

早期的文献，较多研究受灾者的心理症状和社会工作人员的辅导技巧（Shader，1966；Iravani & Ghojavand，2005）。但就社会工作在灾难后如何介入，以何种服务模式提供服务，则仍有待探索和讨论。

社会工作者在灾后服务中可运用个案工作技巧，包括：①处境支持（Situational Supporting）；②创造希望（Hopefulness Making）；③哀悼和抚慰（Consoling）；④认可和肯定（Assuring）；⑤集中力量和优势（Concentrating）；⑥建立解决问题方案（Solution Developing）；⑦转介（Refer）（Iravani & Ghojavand, 2005）。

台湾9·21地震之后，台湾学者先后整理了很多如何抚慰灾后儿童的文献，台湾大学心理复健小组则出版了《9·21大地震灾后心理辅导教师手册》。换言之，参与灾后辅导的社会工作者亦可在接受短期训练，加强对灾后心理创伤之认识后，结合运用社工本身个案、小组及社区工作技巧，便可以投入辅导服务。台湾华人心理治疗研究发展基金会亦分析了9·21地震后灾后重建中台湾当局各部门的合作架构，建议结合精神医学、社工师学、心理学、咨商学等专业力量，共同推动社区重建。

3.灾后社会工作介入模式

图3-3 社工在菲律宾"海燕"风灾后到岛上为灾民提供服务

3.3 灾难应对阶段与社会工作模式

上文介绍了灾后工作可以分为三个阶段,其实每个阶段还可以再细分,例如恢复阶段可包括紧急安置阶段、转移或临时安置阶段、安置阶段及重建后永久安置阶段,在重建后仍有社区重新发展阶段。

比较2008年四川5·12大地震与2004年南亚海啸，我们发现前者的危机期远比后者长。在海啸发生后三四天，失踪者已可以认定为遇难，很少有生还的希望。但地震之后十多天仍然不断有生还者获救的消息，这一方面提高了失踪者家属的期望，但也为他们带来更多的苦难。此外，又因余震不断，从汶川到青川绵延几百公里的山区里，生还者仍处于恐慌当中，因此仍未脱离危机期。这一阶段的工作重点是救援和救济，为生还者派发粮食和物质，心理方面以心理抚慰和陪伴为主。在这一时期的社工人员，自然须接受抗震救灾指挥中心的调配，与救援人员、地方政府与民政部门之救灾人员紧密合作。

在危机阶段，尤其紧急安置阶段，社工应结合其他专业人士包括精神科医生、临床心理学家、心理咨询师等提供心理抚慰、灾难事件解说会（Critical Incident Stress Debriefing）、灾后创伤心理辅导（Mitchell & Everly, 1986）等。社工除了能运用其个案工作技巧之外，其家访、小组面谈及社区探访的技巧更能发挥所长，使综合专业工作队能面对紧急安置点大量灾民的压力，有效地进行心理抚慰，并甄别出需要进行个别心理治疗的灾民

3. 灾后社会工作介入模式

(Psychological Health Screening)。这时期的服务对象更应特别注意教师、机关干部、医护和救援人员等"灾民照顾者"(Care for the Carer)。

在转移或临时安置阶段,社工可通过学校、地方政府提供服务。在学校开展小组工作及个案工作均非常重要。社区方面应推动社区心理健康(Community Psychology Model)活动,运用正向心理学(Positive Psychology)的理论,帮助社区举办哀悼、感恩、宽恕、自救、互助、盼望等群众活动,激发社区的活力,挖掘社区的潜力,展开重建的创造力。

图3-4 社工通过培训灾区志愿者,共同推动社区重建

在灾民被迁离核心灾区及转移到相对安全的临时安置点后，灾后辅导才能正式开展。我们在成都与华西医院精神科合作的经验显示，介入的服务对象可包括：在医院的伤者及其家属，灾民临时安置点的灾民家庭及个人，迁移至成都的灾区学校的老师和中小学生。当时，跨专业辅导队面对的难题是在数以万计的灾民中间，如何寻找有严重灾后创伤及需要心理治疗的灾民。精神科常用的一些量表，往往需要由精神医生进行个别面谈及甄别，无法照顾众多的灾民。但社工人员则可以通过家访及团体会谈的方式，更迅速地寻找脆弱群体（Vulnerable Groups）。而以小组形式进行灾后创伤解说会（Group CISD），亦相对节省了人力和时间。因此，在这阶段应由民政部门或地方政府协调组织跨专业心理辅导队，有系统地为各安置点的灾民提供抚慰、甄别、小组解说、转介，以及精神治疗等一系列服务。这样也能更有效地运用志愿者，减轻专业辅导人员的工作压力。

在安置阶段及重建后永久安置阶段，社工应联同规划工作者参与地方建设。

3. 灾后社会工作介入模式

　　由于中央政府的积极介入，由全国各地生产、提供救灾帐篷，各区的灾民在很短的时间内便已进入转移或临时安置阶段。例如，泰国布吉的紧急安置灾民营维持了6～9个月，才能将灾民移入临时房屋。但在成都，一些利用学校改造的安置点，到了7月底便开始将灾民迁回原居地；绵阳体育中心高峰期居住了两万多灾民，在7月底已经全部撤离。）但很大部分灾民的板房，到7月底才能提供灾民入住。

　　在这一阶段灾民的心态产生不少转变。面对重建的困难，容易变得倚赖政府及抱怨政府。鼓励灾民参与重建的社区工作十分重要。社会策划是社工这时期的焦点。

　　在社会服务方面，由于灾后导致残疾人士、孤儿孤老及单亲家庭大量增加，政府须提供社区医疗、社区康复，为每所学校提供社工服务，并设立家庭及儿童服务中心，以及其他服务，如为求职人士提供职业辅导，为丧偶人士提供再婚辅导等。这阶段的服务可运用邻里发展模式（Neighbourhood and Locality Development Model）。社工应用的技巧也包括社区组织、社会行政、社会福利策划等宏观技巧。

3.4 ACT社会工作介入模式

阿伯·罗伯特（Albert Roberts, 2002）在期刊《简易治疗与危机介入》中提出了指导灾难工作的ACT工作模式。其中，A（Assessment）代表评估，C（Connecting & Crisis Intervention）有连接和危机介入的意思，T（Treatment）是治疗。这是社会工作界别目前提出的最全面的介入架构。他以危机介入理论拓展为ACT社会工作介入模式。

在灾后支援工作中，社会工作在灾后其实发挥着重要的功能。人们往往会联想到较早发展的精神健康专业，而社会工作却被忽略。这是因为社工未能准确把握自己的角色。

大家也许非常熟悉阿伯·罗伯特的危机介入的理论，但鲜为人知的是他在9·11事件之后已将危机介入理论拓展为灾后社会工作综合评估、介入与治疗的ACT模式。

ACT模式中的A，即为"评估"，包括评定有无急需的医疗救治需求，有无对公众安全或财产的危害，然后按评估结果进行分流，以预防次生灾害。评估还应包括创伤评估、生理—社会—心理评估以及文化评估。ACT模式中的评估手法，

3. 灾后社会工作介入模式

均以社区为分析单位，甚至包括评估灾难对文化的影响。例如在汶川大地震中，社工应注意到汶川和北川都是羌族文化的社区，羌族没有文字，文化依靠口授传诵，现在只有少数老人仍然记得羌族的语言和诗歌，而老人在地震中是较易伤亡的群体，所以社工在灾后倾力关怀老人，也间接产生了保护传统文化的作用。

ACT模式中的C，着重强调"危机介入"（Crisis Intervention）。其次，"C"代表连接（Connecting），也是明显的社会工作手法。社工可以为灾民连接救灾单位及物资等资源，重建社会的支持网络。再次，"C"是指关键事件压力解说会的方法（Critical Incident Stress Debriefing，简称CISD），同时，也包括Robert的危机介入七阶段理论、优势视角和适应概念。如，汶川地震中共有6万多人死亡和数万人失踪，很多人丧偶。家庭中的幸存者会感到悲痛和孤独，而生活上也因为失去了配偶，料理家务及照顾孩子均感困难。这些都是当下那些家庭面临的危机。社工此时的介入，在连接资源方面，可以帮家庭寻找照顾孩子的机构，找志愿者来帮忙整理杂乱的家务等；同时，可以开展压力解说会，让失去亲人的家庭成员释放悲痛，缓解心里积压的苦楚。此外，无国界社工曾在汶川地震中发现，"C"也应加上哀悼（Condolence）（黄，2011）。

ACT模式中的T，即治疗（Treatment）。Roberts特别介绍了创伤压力反应、灾后创伤反应、紧急创伤与压力管理等10项程序。社工在具体情况下，可参考10项程序有序开展工作，因为本书是为冲击期社工介入使用，对长期治疗感兴趣者可参考原著。

总之，ACT模式给予我们一个介入灾难的框架，而且是一个非常紧密的社会工作介入过程。ACT模式也让我们了解社会工作的介入手法与精神健康专业的介入手法确实有明显的分别。精神健康专业虽然也引用社区精神健康的模式，但一般而言专注于个人，且注重治疗多于构建；而社工的介入手法，一开始就是注重整个社群；从整体开始评估，再进一步了解，逐步介入，最后按照不同的情况进行治疗、预防、康复和社会心理重建工作，注意赋权和社会支持系统，是一个有序的社会构建（Social Construction）过程。

14

评估与行动

4.1 ACT模式之灾民需要评估

ACT模式（详见第三章）中的A，即为评估（Assessment），包括评估紧急的医疗救治的需求，或对公众安全或和财产是否产生危害，然后按评估结果进行分流，以预防次生危害。评估还应包括创伤评估、生理—社会—心理评估及文化评估。

ACT模式中的评估手法，均以社区为分析单位，也包括评估灾难对文化的影响。

图4-1　社工进入灾区评估

4.评估与行动

下文将详细介绍灾难不同阶段评估工作的内容和指引，以及如何通过整理评估资料制定行动方案。

4.2 前期评估工作（灾后首个月）

4.2.1 工作重点

（1）在安全情况下尽可能于灾害发生后72小时内抵达灾民集中安置点。

（2）了解灾情及配合当地相应的救助行动，提供实时情绪支援。

（3）认识灾民可能聚集的场所，如社区安置点、学校、医院、物资供应站等。

（4）了解灾民现阶段的需要及评估下一阶段可提供的服务。

（5）初步与需要和适合开展心灵支援服务的灾民联络，集中安置点，搭建临时服务点。

4.2.2　队伍要求（2～5人）

1. 灵活性
因心灵支援服务的条件已由大家习惯的房间转移到室外及帐篷里，所以队员必须适应那些非传统性的心理支援服务方法，积极主动地接触灾民，建立良好关系以进行评估及处理，并需善于调整服务的形式、技巧与心态，以保证灾后服务的目标与专业水平。

2. 良好沟通
团队基于临时的组合，要特别讲求彼此的谅解与包容，坚持每晚的沟通环节，能促进彼此在作风与习惯上的了解，强化队友们的默契，同时提高工作效率。

4.评估与行动

3. 联系性

灾害除了对个人的影响外，亦深深地影响到社区及整个社会系统。队员皆有机会与各级政府官员、媒体或其他救援组织人员建立及维持关系，因此，队员需要有了解及有效处理各团体微妙关系的能力，需要明白地方独特的文化、社会网络、正式及非正式的领导者，并擅长建立人际关系。

4. 招募当地义工

如果队员和灾民彼此言语不通，应该邀请当地志愿者来协助翻译，因为他们熟悉受灾害影响地区之特殊文化。心灵支援服务的所有层面都必须讲究对当地传统、文化及礼仪议题的敏感度，才能有效地提供服务。

4.2.3 评估报告

一份清楚和具体的评估报告,能够为未来工作带来明确的指引。因为灾后支援服务的临时性,服务极有可能由一个又一个团队接力提供,因此,良好的记录工作,使每次团队的承上启下的交接与工作跟进更系统化,且每个团队的工作重点、效果、跟进项目都有了保障,使整体服务质素得以提升。根据我们的经验,建议评估内容及报告包括以下各层面。

4.评估与行动

1. 基本资料

基本资料包括背景、目标、参与人员、时间、目的地。

2. 当地受灾前情况

基本资料如人口、出外打工人口、地理情况、受灾前的经济来源等。

3. 灾情严重程度

灾情概况包括灾难类型及程度（如地震震级、突发性/慢性、二次灾难）、灾难的影响（主要破坏如经济损失、粮食/民房/村内公共设施/其他、重灾区位置）、灾民伤亡情况（导致死亡及受伤原因、伤亡人员分布等）、灾民避灾情况（灾害发生时，灾民如何走避灾害，是否首次受灾，有没有预警通知，由谁通知）、救援开展情况及灾后政府政策公布情况。

4. 安置情况

记录安置点名称、类别（政府或非政府安置）、地点、灾民来源、帐篷数量、常住人数、流动人数。

5. 各安置点详细情况

了解到访安置点各方面的现状和需要，包括通信、食物、饮用水、物资、医疗、防疫、住宿、对外交通、志愿服务、邻舍网络关系及心理状况。

6. 服务情况

记录服务类型（家访、物资发放、活动、服务站建立）、服务人数、参加者表现及需要、后续跟进建议。

7. 行程报告

记录每天工作时间、内容、地点（交通）及住宿，供下一队支援队作参考。

8. 重要联络人名单

记录重要联络人名字、职位、所属单位和联络方法。

9. 跟进建议

跟进建议包括下一队支援队的出发时间、目标、地点、主要服务对象、预计困难及解决方法。

4.评估与行动

4.2.4 选择长期服务点的考虑要素

1. 留意灾区的地理位置

灾害后很多地区面临着通信与交通同时中断的处境，不仅各乡镇之间联系不上，一乡之内的各村落间可能都无法联系，村落成了山间的孤岛。这样的灾区由于受灾情况一直无法实时发布，灾情的实际严重性可能比从新闻报道中获知的更为令人担忧与心痛。

2. 留意灾区在行政层面的地理位置

有些灾区的地理位置距离灾害重灾区虽然很近，灾情亦一样严重，但行政架构的分工导致这些灾区不属于灾害重灾区的政府所管辖，在媒体报道时亦容易被忽略。此外，一些处于当地政府管辖范围边缘的灾区，亦会因距离较远的原因而不受关注。

3. 灾区对心理支援工作和生死观的接受程度

心理支援服务在灾害中的角色仍在起步，因此要有心理准备，未必每个灾区都欢迎服务的推行。即使有机会推行，仍要非常注意当地文化对生死观的忌讳和情绪宣泄的看法，做好随时调整服务形式的准备。

4. 与灾区当地政府的沟通

不论在哪里，政府在灾后支援及重建工作中皆担当十分重要的角色，因此团队一定要建立与当地政府的密切联系，以及沟通良好的信息交换机制，能够让政府知道团队是来提供帮助的，以确保团队的每一项服务都可以在灾区顺利推行。

5. 与灾区当地民间团体的合作

如果团队能够与当地民间团体搭建合作平台，会较容易争取灾民和当地政府对团队的信任，团队亦能更有效地充当协调者，将灾民的需要与政府或救助团体的资源联系起来。更重要的是，从服务的持续性看，团队更期望能藉由当地民间团体培训的熟悉当地文化和语言交流的本土志愿者及社会工作学生，在参与训练、积极分享、体验服务过程中，潜移默化地将服务理念深入当地灾民的日常生活中。

4.评估与行动

图4-2　社工进入村落走访

6. 灾区的需要与团队资源的匹配

最后，团队需要从多角度考虑团队所拥有的资源（人力、时间、财力等）是否与灾区的需要匹配，例如，对灾区的人口和团队人手比例的考虑，灾区内同样服务的提供是否接近饱和或十分缺乏，等等。总括而言，需要资源太多无法满足或需要的资源少导致浪费都不是最理想的情况。

中长期评估工作（灾后1~3个月）

4.3.1 工作重点

（1）对长期服务点内的灾民进行分流与甄别，并提供实时情绪支援。

（2）将高危受创伤人群转介予当地有关专业部门跟进。

（3）评估长期服务点内在灾害后需要较多关注的弱势群体。

（4）评估在长期服务点内灾民面对的具体实际困难，并为之联系需要和资源。

（5）评估文化背景和社会关系、社区力量对灾后支援服务的影响。

4.3.2 队伍要求（5~10人）

在前期评估队的要求基础上，最好能够增加擅长对个别组群如儿童、青少年、妇女及长者等提供服务或擅长危机处理及辅导的队员，以便更好地评估服务点不同组群的个别需要，并提供实时的情绪支援（更多对参与灾后支援服务人员于出队前的个人防护和心理准备，请参考本手册第八章）。

4.评估与行动

4.3.3 评估内容

要对一个长期服务点进行社区需求评估,并不是一次性的社区分析考察便能做到的。随着团队在服务点工作时间的延长,对服务点所在社区的认识和观察的层面会更广更深,服务中灾民的反馈亦是另一种很好的途径,可以持续评估需要。下文将根据我们的经验,提出在进行评估时要留意的地方。

1. 社区的历史

在同样的灾害面前,每个社区受灾的情况仍会有其独特性,因此团队需要留意灾害前后社区的发展与变迁,如对比灾前地址、临时安置地址及永久安置地址的异同。此外,灾害有否为社区带来什么重大事件,而该事件是否成为灾民的集体回忆,也是值得留意的。

2. 社区的环境

首先,团队可留意社区内帐篷或板房的布局和空间性,如是按原来的社群还是散乱地排列,每户之间公共地方的多与少，社区设施及资源与每个住户的距离；其次是社区内的土地运用情况，如公用与私用的比例、土地运用的用途等。最后就是社区周边的环境与地势，如是否方便与外界往来和接收信息、所处地势是否容易遭遇次生灾害等。

3. 社区设施及资源

灾后社区内是否有足够的医疗及健康设施、社会福利服务设施、公共服务设施、文娱康乐设施、工商设施或其他满足社区特殊需要的设施，都与灾民能否迅速恢复到原有生活有莫大的关联。

4. 灾民的特性

了解社区内的人口时，要特别留意有多少人真正恒常住在社区内，然后再收集这些灾民的性别比例、年龄分布、种族和宗教组成。同时，团队可以家庭为单位，了解灾民的社会经济水平、职业、收入、受教育程度等对其家庭于灾后生活的影响。最后，团队需仔细了解在不同季节和天气下灾民的日常生活情况，尤其留意作息模式、膳食时间、信息传递方式和闲时聚集点，以便找出最适合提供服务的时段、地点和形式。

4. 评估与行动

5. 社区文化及社会关系

在了解社区文化及社会关系时,要留意进行正反评估,一方面评估灾害对文化和社会关系的冲击,另一方面须寻找灾民在其中的优势(Strength)力量,运用优势进行复原和重建。灾民对生死、失去等的看法,会很大程度受到社区传统文化、种族和宗教的影响,这些因素同时影响着灾民对社区的参与程度和灾区之间互助网络及邻舍关系的强弱。例如,藏传佛教有关轮回的信念能使人更能面对死亡;傣族仍保留紧密的延展家庭结构,祖父母、子女、叔伯兄弟甚至表亲都非常亲密,互相照顾,当有伤亡时,延展家庭有效地承担了照顾孤老或孤儿的责任,以至于这些孩子及老人不会觉得一无所有,这是核心家庭制度无法提供的社会支援网络。

6. 社区团体

要成为良好的协调者和资源整合者,必须清楚地了解社区内不同团体的数目、名称、类型和分布,以及每个团体的宗旨、运作模式、功能及资源,尤其是与自己团队功能相似的,要时常保持沟通,加强协作以减少资源重叠使用的情况。

7. 社区动力

社区内总有一些特别具有影响力的居民领袖和团体（政府和民间团体），这种影响力可以是有形的或无形的，但成功地把他们识别出来并和他们建立关系，绝对有助于团队掌握社区内的最新动态和推动服务。同时，观察团体之互动亦是一个不可忽视的层面，有利于让团队顺利融入社区。此外，社区的集体回忆构成了社区的人文关怀，社区的重建不是把房子盖了就完事，更重要的是既保留文化遗产又向现代化前进。

8. 社区问题及需要

了解灾民在灾后重建过程中所面对的具体实际困难，评估社区在灾害后需要较多关注的弱势社群及其面对的困难，如丧亲家庭、重组家庭、隔代照顾、孤老、孤儿、伤残人士等等，同时识别困难之严重性及迫切性。其中，男士的需要常常容易被忽略，他们容易有"我一定要坚持住，决不能在家人面前哭"的自我情绪压抑的想法。在传统中国文化以男权为中心的社会中，众多男士尤其是政府干部在灾后都必须压抑一己之哀痛而不分日夜地投入救灾工作，因此他们个人的哀痛并没有得到适当的宣泄。

4.评估与行动

9. 服务建议

团队可以以社区需求分析为基础，根据SMART原则（明确性、可衡量性、可实现性、相关性、时限性）订立服务建议。同时需要注意，一个社区是动态的，因此服务建议除了针对当下的需要外，亦要保持阶段性更新的习惯。

4.4 开展评估工作之方法与技巧

4.4.1 与政府及民间组织建立联系

在前期评估阶段，面对灾区庞大的需要，单靠自己的团队逐家逐户去收集灾情，成效是极低的。因此，到达灾民集中点后，第一件要做的事不是马上直接接触灾民，而是向政府及其他民间救援组织的重要领导者"报到",建立协作关系和交换信息。关于"报到",团队应做好以下的准备事项。

1. "报到"的目标

团队必须明晰自己为什么要"报到",是为了向对方收集或提供有用的灾情信息,互相交换信息寻求协作,需要对方作转介引见,征求同意展开支援服务,等等。每次"报到"的目标可以不只一个,但团队要清楚目标的优先次序。此外,唯有目标清晰具体,才能指引下一步如何做和事后作检讨。

2. 选择对象

团队要从不同的"报到"目标出发,选择合适的对象进行"报到"。以中国为背景作例,"合适"可以是指与团队的功能相关的政府部门和组织,如民政局、团委;或者是受灾害直接影响的政府部门和组织,如镇政府、学校、医院、残联、妇联;又或者是其他关注灾后支援的政府部门和组织,如救灾社会组织和志愿者服务中心、各类民间救灾联

4.评估与行动

盟、基金会、慈善组织等。因此，前往灾区前，团队对当地的政府架构分工和民间团体有基础的了解是极其必要的。

3. 预备合适的开场白

事前要对"报到"对象的背景、性质和功能有所认识，由此可简单直接地了解团队需向对方展现哪方面的吸引力，例如，团队的背景、专业性和连带可链接的资源介绍，或是最新灾情信息的交换，又或是团队和对方共同关注的需要和目标。此外，合适的开场白最好是简短而明了的。

4. 穿着打扮得宜

穿着打扮十分影响对方对团队的第一印象，只要能够给人一种整洁、大方、成熟和可信任的感受的便是合适的穿着打扮。如果对对方的文化背景不熟悉，穿着整齐的团队工作服和佩戴工作证是最保险的做法。

5. 提前预计对方反应和应对方法

提前预计一下对方有什么反应，可使自己不至于临场阵脚大乱，而仍能保持热诚、笑容和冷静，从而对情境作出反应。事前，应与队员一起讨论较好的应对方法。但要记着，对对方来说，团队很有可能是陌生者，他/她也没有义务和团队交谈，拒绝团队的接触也不是什么大不了的事。要不时检讨有什么问题发生了或遗漏了，从而进行下一次的尝试。

6.介绍自己

可能的话，用滚雪球的方法，指出团队是由对方所熟识的人或组织介绍来的，或是将团队和他熟知的、成功的或有好感的信息、资源或服务联系起来。对于疑心较重的被访者，能够出示有效的介绍信、机构证明或工作证都是有作用的，并且主动向对方派送机构联络和服务资料，以备日后参考。当然，热情、主动、积极的声音和笑容是一种有效的邀请和化解对方拒绝意图的方式。耐性和坚持也是非常重要的，切忌争论，避免使用专业术语，用对方可以明白的语言清晰地介绍团队"报到"目的的同时，表达团队对对方的关怀也是非常关键的。

4.评估与行动

7. 妥善地结束对话

一般来说，第一次"报到"宜短不宜长，除非对方有强烈要求需要团队这样做。作完结前，切记要感谢对方在此次对话中所作的付出，包括个人和事工方面，例如付出时间、开放、亲切、对团队的信任以及所提供的协助，同时总结一下对话重点和待跟进事项。离开前留下"尾巴"，告知对方将进一步联络对方或欢迎对方主动联络团队。

8. 跟进工作

"报到"结束后，团队需主动记下有关资料：有用的信息和统计资料，例如对方的职位、所属单位、对话重点、他/她的反应、热心程度、可动员机会、他/她的网络和资源。若时间许可，团队可检讨接触大致目标的程度，总结可行和不可行的经验，从而作出转变和下一步的策略。

4.4.2 社区走访及入户家访

团队若通过上文所说进行各种"报到"来收集信息后,很有可能已经锁定某些灾民安置点,希望进一步作出适当的评估。在破坏程度较低的灾害中,评估工具如精神疾病诊断准则手册(DSMIVTR)、简明症状问卷(BSI)、贝克抑郁量表(BDI)、症状自评量表(SCL-90)和自我报告问卷(SRQ)都是可考虑的(Roberts, 2002; McQuaide, 2001)。然而这些评估工具对于大型灾害后的评估来说都太过冗长。

图4-3 社工在家访中

4.评估与行动

因此，我们建议社会工作团队在各灾民安置点，以社区为范围，结合心理咨询义工和精神科医生，以"社区家访"的方法进行初步甄选。"初步甄选"的家访，放弃使用问卷的方法而采取小组交谈的方式，不会跟随结构性的问卷进行一问一答，避免被访者生闷和厌烦；而小组访谈更为人性化和省时，且家访时多以一个家庭或相邻的家庭为对象，容易促进信息的交换和搜集。同时，沙朗·麦嘉（Sharon McQuaide）提出，以其他方式来发现最需要支援的人群是专门针对弱势群体，如妇女、儿童和老人进行精神健康评估；在情况许可下，进行入户家访前，社工可先向社区领导和居民领袖询问灾民安置点的概况，推介较有需要的弱势群体让社工优先去进行评估。

此类家访会以半结构式问题（Semi-Structured Questions）为主线。主要的问题包括：①询问灾民是否适应灾民安置点的生活条件，由"当下"开始带出问题（Start from Here and Now）。②可询问被访对象的一般健康状况，特别是睡眠、呼吸、疼痛、进食等。如果被访者有众多上述由心理困扰引致的生理反应（Psychosomatic Symptoms）， social工可以询问一些比较突出的灾后创伤反应，如侵入性思维（Intrusive Thoughts）。很多时候，被访对象家人或邻居于此时告知访问者他们的故事，特别是有关生命或财产的丧失，甚至一些在灾害发生前被访人的困苦经历如离异、疾病等。虽然工作人员知道了被访对象的一些痛苦经历，但不宜立即进行关键事件压力解说会（Critical Incident Stress Debriefing）。一方面，因为被访者本身可能仍不愿碰触到伤痛的经历；另一方面，团队与对象的亲密关系仍有待建立，社工可以按实际情况提供适当的心理抚慰（Psychological First Aids and Comforting）。回到上述有关初步甄选或分流（Triage）工具的讨论，家访的重点问题包括了"心理困扰引起的生理反应"、"创伤障碍"以及"灾难冲击"（Bio-psychosocial Impact Assessment）的资料搜集，同时会鼓励情绪宣泄，提供心理抚慰，甚至转介给精神科医生接受药物治疗；最重要的是，事后工作人员需要作出详细的谈话记录，以便跟进（黄，2001）。

如果更仔细地把家访分类，可分为三个层次。第一层次是一些基本的探访，初步评估个案需要跟进的情况。工作人员与被访者倾谈，送赠"爱心三宝"（纸巾、糖果、按摩

4.评估与行动

油），以上文建议框架进行家访，通过爱与关怀让被访者抒缓情绪，也能观察被访者脸部表情是否变得放松了，是否愿意向社工倾诉心中压力和忧虑。第二层次的家访是一些较深入的跟进，社工会于有限的时间内数次探访灾民，探访的内容会作个案纪录以列明详细的情况。第三层次是一些需要较长期跟进的个案，因大部分社工未必能够长期或多次前往灾区安置点，所以对于一些尚未准备好或情况较复杂的个案，社工不会随便深入探讨灾民的深层感受，而会将他们转介予当地有关部门或团体跟进。

下面附上五种有关家访的记录表格，表4-1"灾后支援服务家访记录表"建议用于一般初步甄选的家访记录；表4-2"CES-D抑郁自评量表"、表4-3"抑郁自评简短量表（CES-D-10）"、表4-4"成人心理困扰测量表"和表4-5"小儿科症状查对表"则是当社工进行家访时观察到被访者情绪比较困扰时，可从中抽出适当的问题进行提问，如果最终决定需要转介才建议填写。对于家访经验或灾区工作经验较少的社工新手，可提前准备家访要点提纲，但切记不要生硬背诵家访提纲。

73

表4-1 灾后支援服务家访记录表

姓名：_____   性别：男/女

家庭人数：_____ 年龄：_____

工作：_____

学历：_____

电话：_____

灾前住址：_____

现时地址：_____

搬迁住址：_____

（1）同住家人资料：

姓名	年龄	性别	工作/学历	备注

4.评估与行动

受访者情况：

受灾状况	本人有否受伤：□安好 □轻伤 □重伤 （伤势：_____） 家人伤亡情况：_____ 房屋受损：□无 □损坏，修缮后仍可居住 □半倒 □全倒 □其他：_____ 财产受损：_____
经济状况	□低收入户 □中低收入户 □一般户 □中产 □富裕 □其他 备注：_____
身处环境	卫生情况：□极差 □差 □一般 □好 □非常好 备注： 医疗条件：□极差 □差 □一般 □好 □非常好 备注： 饮食条件：□极差 □差 □一般 □好 □非常好 备注： 物资条件：□极差 □差 □一般 □好 □非常好 备注：_____
过去病史	□肝病 □高血压 □心脏疾病 □肾脏病 □癌症 □糖尿病 □药物过敏 □身体伤残 □肺病/气喘 备注：_____
身体状况	□头痛 □胃痛 □失眠 □无食欲 □健康变差 □累/精疲力竭 □长期烦躁不安 备注：_____

续上表

情绪反应	☐悲伤流泪 ☐暴躁易怒 ☐焦虑害怕 ☐失望绝望 ☐内疚羞愧 ☐感觉麻木 备注：_____
认知反应	☐不能接受/应对所爱之人的离世 ☐悲伤的梦/恶梦 ☐不信任的想法或想象 ☐难以集中精神 ☐容易忘事 ☐难做决定 ☐沉溺于死亡/灾难事件 备注：_____
家庭互动	☐极差 ☐差 ☐一般 ☐好 ☐非常好 备注：_____
社交情况	☐极差 ☐差 ☐一般 ☐好 ☐非常好 备注：_____
工作/学业	☐极差 ☐差 ☐一般 ☐好 ☐非常好 备注：_____
其他	_____

家庭图：

4.评估与行动

(2) 社工跟进及评估：

已作处理及回应	
危机因素	□无 □有（□低 □中 □高） 请注明：_____
紧急服务	□不需要 □需要 （请注明所需服务）：_____
正接受服务	□无 □有 请注明：_____
首要跟进方面	□情绪/精神 □经济 □就业 □学业 □健康 □社交 □家庭 □其他：_____ 备注：_____
后续评估	□社工跟进 □义工关爱探访 □鼓励参与活动 □发掘为义工 □转介：_____ □其他：_____ 备注：_____
跟进建议	□社工跟进 □义工关爱探访 □鼓励参与活动 □发掘为义工 □转介：_____ □其他：_____ 备注：_____
取得当事人同意	当事人是否愿意接受所建议的服务： □愿意　　□不愿意 如不愿意，请注明原因及建议其他跟进工作： _____

77

（3）其他待助事项及转介事项：

待 助 事 项	转介情况
□医疗协助：_____	
□丧事处理：_____	
□物资提供：_____	
□申请补助/经济扶助：_____	
□协助补办/申请证件：_____	
□就业协助：_____	
□居住问题协助：_____	
□环境维护协助：_____	
□其他：_____	

填表员工：_____

面谈日期：_____

4.评估与行动

督导评估	☐社工跟进　　☐义工关爱探访 ☐鼓励参与活动　☐发掘为义工 ☐转介：_____ ☐其他：_____
个案类别	☐情绪/精神　☐经济　☐就业 ☐学业　☐健康　☐社交　☐家庭 ☐其他：_____
跟进建议	

督导签署：_____　跟进员工：_____

日期：_____　接收日期：_____

表4-2 CES-D抑郁自评量表（15岁以上适用）[①]

序号	感受或行为	没有或极少	偶尔	经常	每天
		0	1	2	3
1	不介意的事，竟然会困扰我				
2	我的胃口不好，不想吃东西				
3	就算有亲友帮忙，我还是抛不开烦恼				
4	我觉得我和别人过得一样好				
5	我做事无法专心				
6	我觉得闷闷不乐				
7	我做任何事都觉得费力				
8	我对未来充满希望				
9	我觉得我的人生是失败的				
10	我觉得恐惧				
11	我睡得不安宁				
12	我是快乐的				

① 采用郑泰安教授所翻译的美国流行病学研究中心（Center for Epidemiological Study depression, CES-D）忧郁量表，中文版（Chien & Cheng, 1985）。

4.评估与行动

续表4-2

序号	感受或行为	没有或极少	偶尔	经常	每天
		0	1	2	3
13	我比平日不爱讲话				
14	我觉得寂寞				
15	人们是不友善的				
16	我享受了人生的乐趣				
17	我曾经痛哭				
18	我觉得悲伤				
19	我觉得别人不喜欢我				
20	我缺乏干劲				

该量表内容总共20题，根据过去一周忧郁症状发生的频率程度，采用0～3分来计算，总分0～60分，分数越高代表忧郁程度越高，一般以16分为切割点。0～15分为无忧郁，16～20分表示轻度忧郁，21～30分表示中度忧郁，大于30分表示重度忧郁。

表4-3 抑郁自评简短量表（CES-D-10）[①]

在过去的一个星期里，你出现下面感受或行为的程度：几乎没有或从来没有（指少于1天）；有时或很少（指1~2天）；时不时或不少时候（指3~4天）；多数或所有时候（指5~7天）。

序号	感受或行为	几乎没有	有时候有	经常有	时时有
		0	1	2	3
1	我为一些小事担心				
2	我没法专心做事				
3	我觉得心情很不好				
4	我觉得我所做的每一件事都很不顺利				
5	我觉得未来充满希望				
6	我觉得担心、害怕				
7	睡得不安稳				
8	我觉得很快乐				
9	我觉得寂寞、孤单				
10	我做事提不起劲				

（第5及8题为逆向计算，几乎没有为3分，时时有为0分）若分数超过10分视为抑郁，10~14分属轻度抑郁，14分及以上属严重抑郁。

[①] 美国流行病学研究中心（Center for Epidemiological Studies）制订，黄洪译（黄，2009）。

4.评估与行动

表4-4 成人心理困扰测量表（SRQ，15岁以上适用）

序号	问题	是	否
1	你时常感到头痛吗		
2	你的胃口差吗		
3	你睡得不好吗		
4	你容易感到受惊吗		
5	你感到紧张、绷紧或担心吗		
6	你有手抖的情况吗		
7	你的消化情况差吗		
8	保持清晰思维对你有困难吗		
9	你感到不快乐吗		
10	你比平常哭得频繁吗		

续表4-4

序号	问题	是	否
11	享受你的日常生活你会感到困难吗		
12	作出决定你会感到困难吗		
13	你的日常工作有受到影响吗		
14	你无法如常发挥你在生活中的角色吗		
15	你对身边的事失去兴趣吗		
16	你会觉得自己是一个无用的人吗		
17	你曾经有过结束自己生命的想法吗		
18	你时常感到疲倦吗		
19	你的肠胃有不舒服的感觉吗		
20	你容易感到疲倦吗		
21	你比平时喝酒更多吗		
22	你会觉得有人试着用某些方法去伤害你吗		

4.评估与行动

续表4-4

序号	问 题	是	否
23	你有察觉到你的思想有不寻常或被干扰的地方吗		
24	你有曾经听到不明来历或其他人听不到的声音吗		
25	你会痛苦地梦见灾难的情景或有时你会感受到你再次经历灾难当时的经验吗		
26	你会远离或逃避所有令你记起灾难的活动、地方、人物或想法吗		
27	相比以前,现在你是否减少了对日常生活和朋友的兴趣		
28	当你处于令你回忆起灾难的情境或你想起关于这次灾难时,你会感到心烦意乱吗		
29	感受和表达自己的情绪你会感到困难吗		

1~24题由世界卫生组织制定,25~29题显示灾后创伤(Ehrenreich,2001)。出现5~7题显示心理压力,出现22~24题中的任何一项需要心理辅导,出现25~29题中的任何一项显示灾后创伤。

表4-5 小儿科症状查对表[①]（4～16岁适用）

儿童的情绪及身体的健康常会混合在一起。因为父母通常最早发现他们的孩子在行为、情绪或学习上出现问题，回答这些问题可帮助你的孩子获得最好的照顾。请指出以下哪一项叙述最恰当地形容你的孩子。（家长或教师为儿童填写）

序号	第一部分	永不（0分）	有时（1分）	时常（2分）
1	抱怨疼痛和酸痛			
2	自己独处的时间较多			
3	容易疲倦，很少集中精力			
4	烦燥，不能坐定			
5	和教师难以相处			
6	上学兴趣少			
7	太爱动/不停活动			

[①] 美国心理学会、红十字会推荐使用（Ehrenreich, 2001）。

4.评估与行动

续表4-5

序号	第一部分	永不（0分）	有时（1分）	时常（2分）
8	太多白日梦（幻想）			
9	容易分心			
10	害怕新的事物同环境			
11	感觉悲哀，不快乐			
12	易激动，发怒			
13	感觉无希望			
14	难以集中精神			
15	减少对朋友的兴趣			
16	和其他孩子打架			
17	缺课			
18	成绩退步			

续表4-5

序号	第一部分	永不（0分）	有时（1分）	时常（2分）
19	看不起自己			
20	看病，但医生发现没有毛病			
21	有睡眠问题			
22	太多忧虑			
23	想要和你在一起的情形比以前更多			
24	感觉他或她自己是坏的			
25	冒不必要的危险			
26	经常受伤			
27	似乎兴致乐趣不多			

4.评估与行动

续表4-5

序号	第一部分	永不 （0分）	有时 （1分）	时常 （2分）
28	行为比同龄的儿童幼稚			
29	不遵守规则			
30	不表露感觉			
31	不明白他人的感觉			
32	取笑他人			
33	因自己的烦扰而责备他人			
34	拿取不属于自己的东西			
35	拒绝分享			

续表4-5

序号	第二部分	永不（0分）	有时（1分）	时常（2分）
36	没有原因地紧张、害怕、难过			
37	想很多关于过去发生的不好的事			
38	做一些异常的事去预防不好的事的发生			
39	有噩梦			
40	会说出在脑海闪现的吓人的想法			
41	对某些动物或情景或地方感到惧怕			
42	吹嘘或自夸			
43	夜间会尿床			
44	容易被巨大声响惊动或神经质			
45	不断重复某些行动			

第一部分（1～35题）总分：_____

第二部分（36～45题）总分：_____

第一部分4～5岁儿童得24分或以上，6～16岁儿童得28分或以上，显示有精神压力。第二部分得4分以上的儿童须深入评估。

15 早期服务之4C
——介入、连接、哀悼、解说

ACT模式中的C，首先强调"危机介入"（Crisis Intervention）。其次，C代表连接（Connecting），也是明显的社会工作手法。我们社工可以为灾民连接救灾单位及物资等资源，重建社会的支持网络。再次，C是指重大事件压力解说会（Stands for Critical Incident Stress Debriefing，以下简称压力解说会或CISD），同时，也包括阿伯-罗伯特的危机介入七阶段理论、优势视角和适应概念。如，汶川地震中共有6万多人死亡和数万人失踪，很多人丧偶。家庭中的幸存者会感到悲痛和孤独，而生活上也因为失去了配偶，料理家务及照顾孩子均感困难。这些都是当下那些家庭面临的危机。社工此时的介入，在连接资源方面，可以帮家庭寻找照顾孩子的机构，找志愿者来帮忙整理杂乱的家务等；同时，可以开展压力解说会，让失去亲人的家庭

5. 早期服务之4C

成员释放悲痛，缓解心里积压的苦楚。此外，无国界社工曾在汶川地震中发现，C也应加上哀悼（Condolence）（黄，2011）。

图5-1　社工危机介入

ACT模式之危机介入

下文将对4C进行详细的介绍。

危机介入是指"在混乱不安时,一种积极主动地影响心理运作的历程,以减缓具破坏性的压力事件所带来的立即冲击,协助受到危机直接影响的人们,活化其明显的与潜伏的心理能力及社会资源"(Wainrib & Bloch, 2001),以处理压力事件带来的影响。

综合各学者的观点,危机的共通点是突发和不可预料的,它会给受压者带来紧张和压力。而当受压者惯用的应对方法无效而又未能有适当协助,受压者则会感到压力。若此情况持续,会影响其日常生活。

5. 早期服务之4C

5.2 危机类别——事态危机

危机大致可分为三个类别，以图5-2作简单描述（Wainrib & Bloch, 2001）。

（1）物质或环境方面：天灾人祸，如地震、车祸。

（2）人际或社会方面：如亲友意外死亡，人身安全受威胁。

（3）个人或身体方面：如疾病、自杀。

图5-2　危机事件分类

5.3 危机反应

人们面对危机的反应都是不一样的,在第二章我们介绍了不同年龄人群的反应。表5-1为一些常见心理困扰,包括沮丧、焦虑、震惊、暴力倾向、假适应等在情感、生理、认知、行为和人际关系方面的具体表现。

表5-1 困扰心理的具体表现

类型	沮丧	焦虑	震惊	暴力倾向	假适应
情感反应	悲伤,无助	害怕,畏惧,快要崩溃	麻木,迷茫	受伤害,愤怒	害怕,愤怒,内疚及受伤害等感觉被压抑着,看上去没有任何反应
生理反应	失眠,食欲不振	失眠,食欲不振,头痛,晕眩,呼吸短促,不停冒汗,心跳加剧,胸口疼痛	手脚冰冻,晕眩,心跳加剧	心跳加剧	与平常无异

5. 早期服务之4C

续表5-1

类型	沮丧	焦虑	震惊	暴力倾向	假适应
认知方面	脑海中不断浮现此事,但没有动机或拒绝提及,因为认为做什么都是徒然	脑海中不断浮现导致不良后因和果,却想不到解决方法	可能暂时将自己抽离或者说:这件事不是真的	认为受他人伤害或愤怒源于他人 认为自己不对,愤怒转向自己	危机对自己丝毫没有影响
行为表现	呆坐,没精打采	坐立不安,不停吸烟,饮酒,依赖药物,工作表现退步	口齿不清,眼神呆滞,听觉迟缓,工作无法集中,步履不稳	意图/恐吓会伤害他人做出自我伤害行为,如酗酒、吸毒、自杀等	表面上对事件处理得十分好,但说话过于理性,如在放录音带般机械化和不带感情
人际关系	不愿与人交谈及见面	跟人沟通时无法集中精力,与朋友见面减少	由于无助,所以愿意接受他人意见	人际关系恶劣,经常责怪他人 人际关系欠佳,孤立自己	不能与人建立信任关系

5.4 危机发展阶段

根据 Wainrib Bloch（1998）《危机介入与创伤反应》一书，危机可分为四个发展时期，冲击期、应变期、危机解决期、适应期（见图5-3）。这可以与灾难应对阶段中，Chou.Y.C总结的三个阶段——应急回应、恢复回应和防避回应结合来探讨（详见第3章）。而各阶段介入方法步骤，均以帮助案主解决问题、恢复功能和平衡、重新掌握应变能力为目标。（高，朱，1997）

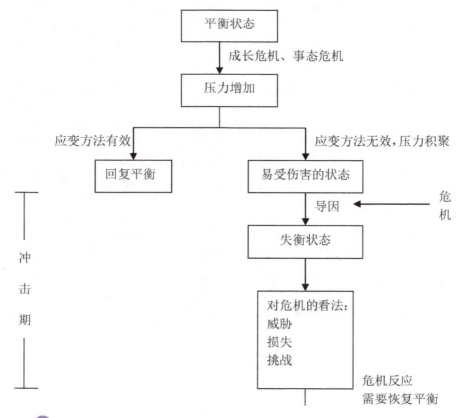

5. 早期服务之4C

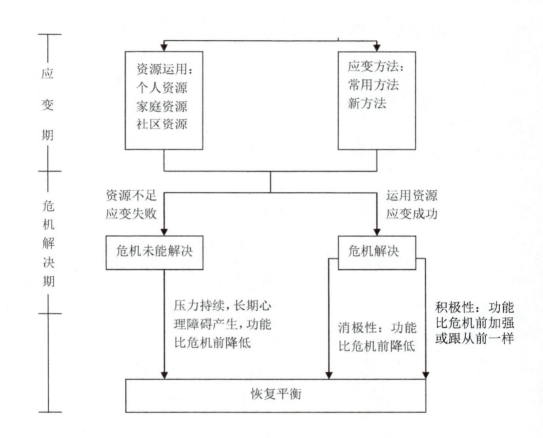

图5-3　危机发展阶段

5.5 阿伯·罗伯特的危机介入七步曲

Roberts（2002）提出危机介入七步曲，但有需要时，不同步骤可同时进行。下文详细列出七个步骤的流程。

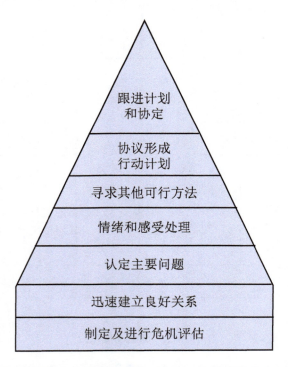

图5-4　阿伯·罗伯特（Albert Roberts）的危机介入七步曲

资料来源：Albert R.Roberts and Allen Ottens. *Brief Treatment and Crisis Intervention*, 5：329-339（2005）。

5. 早期服务之4C

5.5.1 进行危机评估

评估是简短、立即性及有焦点的。评估的目的是界定这个危机有多紧急,造成的心理影响有多大,以及受压者对压力事件的恢复性有多高。另外,亦需评估及留意受压者及他人的安危、受压者有否伤害自己或他人的意念或计划、伤害自己或他人的尝试等,提供实时的身心需要。

评估时的清单(Wainrib & Bloch, 2001):
- 情况有多危急?
- 情况有多严重?
- 案主的反应是否适当?
- 案主认知上、情况上及行为上的功能如何?
- 案主拥有哪方面的资源(内在的、外在的、社群团体的、精神上的)?
- 案主需要什么?有多迫切?
- 案主有没有心理疾病的可能?
- 暴力的可能有多少?
- 建议的后续计划为何?
- 自杀[①]的可能有多少?

---

① 香港撒马利亚防止自杀会-认识防止自杀多一点,http://www.sbhk.org.hk/road_help.php 。

5.5.2 建立融洽关系

社工与受压者建立良好关系，是协助受压者解决危机的重要因素。要迅速建立融洽关系，社工需要留意以下态度和技巧：

（1）真诚、接纳及聆听。
（2）避免不停发问及持有批判态度。
（3）协助了解危机。

由于受压者此阶段情绪及精神状况处于不稳定状态，因此，真诚、接纳、聆听对建立关系特别重要。以开放的态度，多聆听受压者的情况、肯定受压者，避免不停发问及持有批判态度。促进受压者抒发及表达情绪，有助于了解危机。

图5-5　社工需要真诚、接纳，认真聆听，与灾民建立关系

5. 早期服务之4C

5.5.3 找出主要问题

运用开放性问题，了解受压者近期的生活状况，协助受压者以自己的方式叙述情况，以确认潜在的危机，对危机形成暂时的共识。另外，建立工作共识，详述受压者所定义的危机及安排解决危机的优先级别。

5.5.4 感觉和情绪处理

危机介入时，工作人员要处理受压者感觉和情绪上的情况。遇到危机时，受压者的反应可分为五个层面：情感反应、认知反应、生理反应、行为表现及人际关系。在这些层面中，受压者可能会出现沮丧、焦虑、震惊、暴力倾向及假适应等情况（见表5-1）。工作人员此时要注意受压者的情绪，及其对自我价值及现状的期望。继续表现真诚及同感，利用反映式聆听处理受压者情绪，向受压者表示会同行及尝试一同解决问题。

5.5.5 寻求其他可行的解决方法

从认知层面分析危机压力事态，确认可能的方法。社工与受压者达成共识，就每个方法跟受压者评估后果，协助受压者计划行动情况。

5.5.6 制订并形成行动计划

行动计划必须有受压者的参与，符合受压者的功能情况和需要。以危机压力事态为处理重点。与受压者的文化、生活方式配合，并根据评估，引进受压者的重要他人和社会资源。行动计划需切实、有时间可达性和具体性，让受压者可有预算地按计划执行。

5.5.7 跟进服务和协定

最后请受压者重述计划，社工示范一些可行情况，跟进受压者的计划执行进程。结案前，协助受压者评估和综合经验心得、导致危机产生的因素、怎样避免再发生、成功的应

5. 早期服务之4C

变方法等。提升受压者的功能，使其下次遇到危机时也学会应对。有其他需要可继续服务或作转介。

 七个处理危机介入的禁忌

（1）不应推论每个人的情绪反应都相同，因为每个人都有不同的创伤心理反应。

（2）不应视受压者为病态，每个人都有正常的过渡期。

（3）不应询问受助人灾难事件的过程，重点是聆听，而不是深入探讨受助者的感受，以免增加其负面情绪，降低其实时处理危机的能力。

（4）不应假设每个人都愿意接受服务，而是给予尊重，静静地陪伴已足够。

（5）不应提出任何假设。

（6）不应发放未经证实的消息，如遇上不知如何回答的问题，应如实告知，并与他一起寻找办法，获得他想要的讯息。

（7）不应提出个人对事情的看法。（高，朱，1997）

5.7 危机介入中的3C方法

ACT模式之实际行动包括连接（Connecting）、重大事件压力解说会（CISD）。前文已经详细介绍了ACT模式中的危机介入，接下来我们将分析3C方法在灾难工作中的运用，通过连接、哀悼（Condolence）和关键事件压力解说会来综合讲述危机工作的实际行动。

5.7.1 连接（Connectiveness）

根据社会生态系统的理论，人是处于情境中的独立个体。人同时处于不同的系统中，与不同的系统相互影响。所以，个人的问题不只是个人的问题。灾民的心灵受创，不能够单独地处理个人外显出来的问题，而是需要从他们身处的系统，去理解这些行为和问题，进而再选择介入的方案。甚至可以通过个人的力量，影响灾后社区的发展，或增加系统内的正向因素，从而促进心灵疗愈及改变。

5. 早期服务之4C

1. 如何帮助受灾者重新连接个人系统

个人系统中包括身体、情绪、认知、灵性几个部分，彼此相互影响。在灾区工作会听到以下情况，例如遇到地震时匆忙躲避，冷静下来才发现身体受伤，当时却感觉不到痛楚；又如，地震中有至爱受难离世，有的人会把伤痛的情绪暂时压抑，才能继续灾后的生活或承担照顾者的角色。在某些危机时刻，身体或情绪感觉的暂时中断，能够帮助个体在短时间内避开危险，进而保存生命和重要东西。一般而言，身体上的明显伤痛，危机过后会通过痛楚和疲累呈现。但心灵上的痛楚，却容易被忽略，或继续隐藏起来，或太严重导致不能表达而发展成麻木状态。例如遭遇灾难后，有的人感觉不到担心或害怕，对身边人的情绪也感觉不到。结果，他们能正常生活，却出现了不明原因的身体疼痛，或演变出其他问题。遇到此等情况，个人需要尝试重新接触受伤的自己，重新感受身体和情绪的状态。

图5-6　社工在灾区开展放松身心的活动

（1）感知身体。个人与身体的关系，不只是外观上的认识，更重要的是身体感觉的感知。例如，能说出此时手臂的感觉是冷或暖、疼或痛或没有特别感觉，肌肉是紧张还是放松，等等。

5. 早期服务之4C

■ **活动 5-1：松紧练习**

目标：留意身体感觉，帮身体放松。

简介：先使身体进入紧张的状态，然后持续一段时间，放松时就能够强烈感受到放松的感觉。

步骤：
1）工作人员按从头到脚的顺序，带领参加者把身体的各部位绷紧3秒以上，参加者同时在心中数算时间，然后放松。
2）如此类推，直到全身各部位都体验一次，包括脸、颈、肩膀、胸部、手掌、腹、腰、大腿、膝盖、小腿、脚掌。

解说要点：
了解参加者的哪些部位有很强烈的紧张或疼痛的感觉，而哪些部位比较舒服和放松。那些紧张的部位可以交叉重复地多做几次，直至这些部位较为舒服和放松才结束。过程中可留意一些特别的情况，活动之后再找机会与当事人倾谈，寻找可能的影响因素和事件。

以上活动内容的设计，简单又直接地带领参加者感受身体的不同部位，亦为参加者带来放松的感觉。经历完灾难，在生活中找到片刻舒适放松的感觉，可以歇一歇，能获得更多的力量来经营漫长的重建生活。其他类似活动包括拉筋、毛巾操、按摩、八段锦等。能够活动身体、拉动关节、刺激肌肉等效果的简单活动皆可。运动过程中能产生胺多酚，使人心情愉悦。静观也是练习把注意力放回自身的有效方法。

　　（2）感受情绪。个人留意身体感觉，也是接触情绪变化的开始。人的情绪有很多，情绪之间也是互相交织的，因此不能简单地说自己是开心或不开心，更深一层的情绪可能是悲伤、愤怒、失望、委屈、内疚等等。在传统中国社会，人很少表达这些情绪。所以，有时候需要通过活动，让参加者认识情绪及在轻松的气氛下讨论情绪。四川雅安地震之后，团队就在某中学运用以下活动，让学生认识情绪。

5. 早期服务之4C

■ 活动 5-2：情绪面谱

目标：情绪表达。

简介：人在经历灾难后会产生各种情绪。如果因为环境及文化因素影响而抑制正常的情绪表达，则不利于心理恢复和健康发展。

物资：准备多种不同的情绪脸谱，连同情绪名称分别印在A5纸张上，再折叠纸张。

步骤：
1）让参加者逐一抽取纸张，查看自己抽取的内容并保密，不让其他人知道。
2）A需要把抽到的情绪用表情或结合一些动作展示给其他人。
3）其他人猜是哪种情绪，并准确地讲出情绪名称。
4）邀请A和其他人简短分享近期出现这种情绪的频率和事件。
5）社工可再与参加者分享处理情绪的方法。

解说要点：
分享情绪事件时需要注意灾难阶段性和参加者之间的关系。如只是初步建立的关系，分享时可建议选择不会产生最强烈情绪波动的事件。

艺术创作是常用的情绪表达活动,通过绘画、拼贴、制作粘土、音乐等形式,能有效地促进参加者表达情绪。

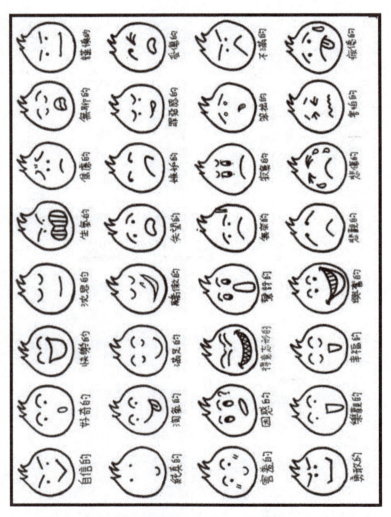

图5-7　情绪脸谱(吴佳萤,2014,www.liteoncf.org.tw)

5. 早期服务之4C

2. 如何帮助受灾者重新连接他人系统

家庭、同学、同事、朋友、邻居，是围绕个人有着频密交流的各个系统。人在这些系统中担当不同的角色，接受着社会对角色的期望。老师、医生、护士这些有重要社会角色期望的人，尤其需要协调在不同系统中的角色。雅安地震后，一群幼儿园老师坚守岗位，尽心照顾每位幼儿。在活动分享中，她们才重新发现，自己却忽视了家中的主要照顾者这一角色，而且同事也怀着相同的担心和无力感。系统中的人员在灾后也发生变化。因为安置的需要，邻居系统的人员经历多次的改变。从帐篷、临时板房，再到永久房屋，每一次都需要时间去接受和适应新邻居。

（1）通过活动促进联系。创造机会加强人与他人的联系，可以参考以下活动。

活动 5-3：内外圈对话

目标：学习聆听和接纳，加强参加者之间的互相理解。

简介：在建立了一定的信任关系后，参加者与不同的人分享自己的故事，以及聆听不同的故事，加强彼此间的理解和联系。并通过回答问题，关注自己现时的状态，整理过去应对灾难的经验，及对将来的解难方法和盼望。

步骤：

1）参加者分成两组，围成内外两个圆圈对着坐。

2）社工会问一系列的问题，在限定的时间内，先由内圈的人向和他对着坐的外圈的人分享，然后角色转换。

3）社工强调，参加者回答的是可以较舒服地和他人分享的内容，如感到较大的压力和不安，简短回应即可。

4）当A分享时，请B先专注地聆听及简单回应如点头、眼神关注、"嗯"。当A分享完毕，有需要才因应时间作跟进性提问。

5）每完成一个问题，社工会指示内圈或外圈按顺时针方向移动一个位置，使每位参加者都有机会与不同的人分享自己的答案。

参考问题：

问题类型可以按现在、过去和将来的顺序安排，轻松有趣和个人分享的问题交叉，数量最好在15条以上：

1）今天起床到参加这个活动之前，你做了些什么？

2）你如何形容自己现在的状态，这种状态和什么事情有关？

3）从认识的人之中，选一个你最信赖的人，形容他是怎样的一个人。

5. 早期服务之4C

4）地震的时候，你正在做什么？

5）地震发生后的一个星期内，你的主要事务和感受是什么？

6）对于未来，你有哪些期望？

7）你现在有哪些力量，如支持网络、能力、态度或信息等，可以应对未来的挑战？

解说要点：

1）分享问题：

参加者印象最深刻的问题是什么？

参加者听到的印象最深刻的答案是什么？

2）把有关未来期望和力量的答案逐一记录下来，让参加者从中找到共鸣，并找到各种解决问题的力量。

（2）增强各个系统的联系（见表5-2）。人在适应融入新系统的同时，新系统也促使人适应灾后的变化。在灾区较常用的是通过义工服务，把做义工的个人与社区内人士联系起来。不分年龄和性别，每个人都有与他人分享的宝贵经验或能力。

表5-2　如何增强各个系统间的联系

居民类型	义工服务内容
儿童及少年	制作小礼物，或充当派发礼物的人，或在某些社区活动时表演节目，为区内其他人士，如老人、贫困家庭等带去关爱和欢乐
中青年	可作为关爱探访的主力成员，经过培训后，具备相关知识和技巧，协助工作人员，定期探访区内弱势群体 在一些语言不通的地区，这类人士可以充当翻译的角色
妇女	可在某些活动中，准备食物与其他人分享 可作为关爱探访的主力成员，经过培训后，具备相关知识和技巧，协助工作人员，定期探访区内弱势群体 照顾社区中的有需要人群，如缺乏照顾者的长者或小孩
长者	熟悉本地历史和丰富人生经验，可以与年轻人分享，增加他们对社区的认识和认同感

5. 早期服务之4C

在一些农村地区,人与人之间的联系本来就比较紧密。所以,要更好地运用这些原有的良好联系,去推动灾后的整体复原。

图5-8　社工带领儿童重建彼此的信任与安全感

3. 如何帮助受灾者重新连接社区与环境

大部分的灾难,对人类社区和自然环境都有很大的破坏。地震、泥石流、水灾等,对环境的破坏是毁灭性的。赖以生存和充满感情的居所和社区遭受破坏,对人们来说是莫大的打击。人常说,没有受伤或死亡已是万幸,但失去了家园,看到辛苦种植的农作物顷刻间被摧毁,能不痛心吗?更严重的是,灾难对土地结构造成重创,需要整个村落、社区迁居。对于生于斯长于斯的居民，尤其是长者来说，会造成莫大的失落感。近年来，大型灾难多发生于偏远山村地区。灾后重建多是走城市化方向，但农民离开了熟悉的田地，不能再以种地为生，也造成了另一种失联。没有适合在城市生活的技能，更增添了灾民的无力感。在多个灾区的临时安置点，即使只有半平方米的泥土，能够让灾民种些蔬菜或花草，都能让他们在灾前灾后生活中建立关联，获得心安。由此可见人与环境重新连接的重要性。以下是活动的例子。

图5-9　社工通过各类活动将人与人、人与环境重新连接

5. 早期服务之4C

■ **活动 5-4：社区摄影师**

目标：增强个人对社区的接纳程度。

简介：灾后社区不断变化，若能加快认识社区，并能发现社区的美丽和便利之处，能促使个人更快地融入社区生活。

步骤：
1) 向每位参加者派发一部相机，介绍相机的功能和主要使用方法。
2) 让他们到社区中，寻找正向印象深刻的画面或地方，用相机拍摄下来。
3) 然后为相片订立主题，并向其他人介绍内容、参加者对相片的感觉和想法。

解说要点：
事先向参加者强调，相片没有美丑之分，重要的是参加者对画面的感觉。此活动可以是社区适应小组活动的其中一节，也可以是一次独立的活动。如果工作人员和参加者已建立信任关系，相片主题可以是非限定为正面的画面，也可以出现社区中亟待改善的部分。大家互相分享的时候，可以共同讨论改善的建议及可行的方案，并试着执行。如果参加者认识到有能力改善社区状况，会增强其对社区的接受度。

活动5-5：新社区展览

目标：增强区内居民对社区的归属感。

简介：把新社区的便利、优美环境，区内的好人好事，从居民的角度展示出来，加强居民对新社区的接纳程度。可以作为活动5-4的后续社区活动。

步骤：
1）用活动5-4的相片作为展览的材料之一。
2）与区内某些团体或学校合作，邀请其会员或学生用其他艺术形式如画画、拼贴、模型等，制作出展览作品。
3）选择合适场所摆放展览作品。
4）可结合其他社区活动同时进行，以吸引其他社区居民观赏。

5. 早期服务之4C

4. 如何帮助受灾者重新连接新生活

为了清晰地看到居民的需要和面对的困难，我们需要独立地分析个人与各个系统的关系，而不能只是单独地处理其中某个系统的问题。不只是因为系统之间往往有交集，也因为它们之间总是在相互影响。灾后有未处理的想法和情绪，最直接的影响有时会体现在人与他人系统的互动中，人际关系因不知道如何表达而变得疏离，或因害怕失去而更加依赖。通过活动重建个人与自己、与他人的关系，清楚自身的想法和感觉，成为重建个人与亲友健康相处模式的基础。因此，灾后新生活包括个人对自己、他人和环境关系的重新审视与对话，是再次建立平衡的生活模式。

图5-10　无国界社工在灾区社区里建立妇女互助小组

无国界社工曾在汶川地震后安置区举办"金盏花美好人生"自强计划，正是系统地进行介入的例子。通过不同类型的活动，把社区内掌握羌绣技术的妇女组织起来，既自助互助，也在社区内发挥正能量。

■ 活动5-6：艺术创业小组

对象：社区内掌握羌绣技术的妇女。

目标：①增强妇女的能力感；②加强妇女间互助；③发扬羌绣传统艺术，发展社区本土经济。

图5-11　四川北川妇女的羌绣作品

5. 早期服务之4C

简介：

妇女定期参加聚会，把各种刺绣手法和图案定制出来。同时开始创作作品，开班教授社区内有兴趣人士，扩大小组规模。聚会时，不只是技艺的交流，更重要的是让妇女有机会分享对过去应对灾难及未来生活的各种想法和感受，得到彼此的理解和支持。随着计划的发展，妇女开始筹划绣品的生产和销售方案，既增加家庭收入，也逐步建立有当地传统特色的小型企业。妇女们也多了新的角色，不只是传统农村妇女，还是创业者，自我形象和能力感都有了很大的提升。

灾难无情地斩断了人与各个系统的联系，我们帮助它们重新连接上，或使联系变得更强韧，人们就有足够的支持和适应能力，面对新生活的各种挑战。

5.7.2 实际行动中的哀悼（Condolence）

1. 为何要哀悼

悲伤的源头来自"失落"，往往是个体经历对自己有意义、有价值的人、事、物的失落而引发的。分析相关学者给予失落的定义，大致可分为下列三种取向：

- 失落是指被强行夺走的人、事、物。
- 失落是指对原有的生活或自我造成破坏或改变。
- 失落是指失去了被个体感知为有意义、有价值、熟悉的人、事、物。

Humphrey & Zimpfer（1996）认为失落经常存在于生命本身，而失落需要藉悲伤以重建生活，而哀悼正是一个人从悲伤到适应的过程。Worden（2002）更提出任务论，将悲伤过程以四个任务（Task）观点来架构，并认为哀悼者在完成这四项任务后，悲伤工作才完成。

任务一：接受失落的事实。

任务二：经历悲伤的痛苦。

5. 早期服务之4C

任务三：重新适应一个逝去的人不存在的新环境。

任务四：将对逝去的人的情感重新投注在未来的生活中，并继续迎向生命。

第四个任务点出了当代哀伤辅导多数人接受的观点——无须切断对死者的情感依附，也无须努力遗忘死者，而是在心中为死者找到一个适当的处所，同时也能保留空间给他人，努力让自己的未来生活仍具有生产性与活力。此外，Corr & Doka（1994）认为还应包括因死亡而被解离的人生价值观、宗教或精神信仰，因而提出任务五——重新建立因失落而被挑战的价值体系。

J. W. Worden（2002）宣扬"哀悼是可以经由外力来调解"的观点，不但明确地指示协助者的工作方向，并提供了协助者可直接涉入哀悼者悲伤历程的适当性与合法性。哀悼工作以任务（Task）来解释，不用阶段、过程而用任务理论，是认为哀悼者在悲伤的历程中需要有所行动，而不是被动地经历悲伤历程。哀悼者需要有所行动，行动使哀悼者了解悲伤终会结束，感到尚有希望的存在，且仍有努力之事与着力之处。

灾害的发生，除了带来丧亲的失落，还有各种"事"和"物"的失落。穿越失落事件，是一个非常不容易的历程，但也并非是不可能的历程。过去许多研究得出，以上丧亲哀悼历程亦可大略地套用于其他因灾害而产生之面对失落的历程，其中最重要的精髓便是对情绪的允许，要允许自己能够伤心、能够难过，明白很多的否认、愤怒或不解的情绪或想法都是很自然的。

无论是情绪样貌或是哀悼历程，都会因失落的对象是谁、依附关系的本质、死亡的形式、每个人过去的悲伤经验、人格变量、社会因素、伴随而来的压力等因素的不同，对人的生命具有不同的冲击，继而给生命带来不同程度的转换（Worden，2002）。因此，别忘了给自己充分的时间去好好地适应与哀悼，学习适当的情感宣泄，才能重新迎接崭新的明天。当然，最重要的是要适当地接纳自己的样子，经历过失落，就一定会有所改变。所谓的复原，并不是指完全回到过去的模样，而是已经接受适应失落，重新调整出了一个新的模样。接纳自己哀悼的速度与模样，也接纳别人哀悼的速度与模样，绝对是面对失落的历程中最重要的一环！

5. 早期服务之4C

2. 影响哀悼形式的要素

（1）个人与社会支持。个体的差异对哀悼的影响将于第六章的哀伤辅导进行详细说明。而社会支持方面，这里特别想提及的是政府和社区层面，有没有设立哀悼日、默哀仪式；社区有没有具有相关象征意义的公共空间或建筑物用作哀悼，都会对生者经历哀悼过程有所影响。

（2）社会、宗教、种族等次文化。个体所属的社会、宗教、种族等次文化深深地影响着哀悼的形式。葬礼、追思、祭祀、节庆纪念等将会如何进行哀悼，这些次文化都提供了特定的行为准则、仪式和时序；此外，灾害发生的时间也决定了往后的一些纪念日。在华人社会里，普遍例子为头七、百日、周年纪念、灾后首个传统节日等。因此，保持对哀悼者文化背景的高敏感度并予以利用，有助于让哀悼有效地进行。

陈维梁及钟莠莉（1999）更提出在大多数文化中我们都能找到哀悼的一些基本向度，而这些向度可被视为两极间的一束光谱，我们所接触的文化可能处于这两个极端倾向间的某个地方。了解这些基本向度，将有助于我们有效地为灾民设计适切的哀悼活动，这五组基本价值观包括：

1) 空间与聚合。有些文化会视哀悼为私人事情，在哀悼的过程中需要较多的个人空间；另一些文化则重视聚在一起分享及分担哀悼的声音和情况。

2) 外显化和内聚化。有些文化把人的情感喊叫、哭号或嘈杂的哀悼仪式外显；但在另一些文化中，沉默、秩序、安静的表达和内在的哀伤处理被视为恰当的行为。

3) 打破连接与继续联系。某些象征打破连接的仪式往往反映着向逝者道别的鼓励和让逝者从我们的生活中释放，将逝者以往的重要位置转为一个影响力较少的角色。但在其他文化中仍会延续逝者作为一家或一族之首的角色，这角色会依靠祭坛（如神位）或象征地方（如祠堂）维持着。

5. 早期服务之4C

4) 过去与将来。现今的社会喜欢向前看,人们每一刻都在急赶着前进,这无疑为人类开创了许多新的领域、关系以及提升了生活的许多层面,但与此同时却没有时间沉浸在旧有的记忆和关系中。对某些传统文化而言,过去仍然重要,而逝者的角色可为生者的生活提供稳定性、智慧、延续性和精神生命的滋养。

5) 直线与循环生命观。直线生命观视生命为持续进展以达至新的高峰,循环生命观则认为逝者会以另一种形式回到其生命的源头,这种信念对丧亲者有一定的影响。

3. 怎样进行哀悼

任何形式的哀悼都应考虑上文提及的要素而度身设计。然而,我们从过去的工作经验中累积了一些社工可带领灾民进行的哀悼活动,希望和大家分享。例如,写信/日记、个别/小组讨论、绘画、制作回忆录、拍家庭照、角色扮演、借物寄意等等,接下来我们会抽选几个例子详细说明。

活动 5-7：释放心情

目标：居民通过放白菊花活动，从而让其对逝者的不舍得以释放。

核心价值：释放对逝者的不舍之情。通过对话，让居民得到安慰。

对象：灾区的居民。

时间：1小时。

场地：室外。

图5-12　儿童在哀悼活动中

步骤：

1）社工先说明关于是次灾难的状况。

2）用盆盛上朵朵白菊花，放在荷花池上。

3）社工问："您要对远去的亲人说些什么？"

4）社工说："您对亲人说的话会随着菊花送给您的亲人，他会听到您的话，他也希望您好好地活下去。"

5. 早期服务之4C

重点：让灾民表达对逝者的思念，不分对与错。容许灾民情绪的起伏。

解说问题：藉白菊花为桥梁，通过对话，让灾民及逝者联系并且释放对逝者的不舍之情。

物资：白菊花、盆。

小贴士：所放的物品可不同，如纸船、纸莲花灯。可了解灾区的一些习俗，顺应其习俗而通过不同的物品释放灾民的不舍之情。

■ 活动5-8：画出未来

目标：让小学生通过绘画分享及释放对灾难的恐惧，让小学生得以将过去、现在和未来进行联系，更积极地面对未来的生活。

核心价值：地震前后的生活重整。

对象：小学生（有至亲伤亡的小学生除外）。

场地：室内/室外。

时间：1小时30分钟。

图5-13 注入希望的社区活动

步骤：

1）先给小学生派发画纸及颜色笔，然后让其在画纸上平均分为三等分。

2）第一部分，让小学生画地震时社区或家庭的情况。

3）第二部分，让小学生画现在的社区或自己的家庭的情况。

4）第三部分，让小学生画出对社区或家庭未来的期望。

5）画完后，给出不同的问题，让小学生作答，通过作答，让小学生面对过去及期望将来。

6）小学生写完后，可鼓励小学生分享。

重点：肯定小学生的勇气，愿意画出过去、现在及未来的图画。通过不同的问题，让小学生面对灾难时的感受。

解说问题：通过不同的问题，让小学生肯定其面对困难的勇气。小学生的作答没有对与错之分，他们所说的都是他们宝贵的想法。

5. 早期服务之4C

通过绘画表达的问题：

1）这场地震，让我感到最痛苦的是_____。
这痛苦我与_____分享。
地震时，_____让我感到舒服。

2）地震前我是_____，
地震时我是_____，
地震后我是_____，
现在我是_____。
我碰见最坏的事是_____，
我碰见最好的事是_____。

3）现在我最想感谢的是_____。
他/她为我做了_____。

4）我希望我将来会成为_____的人。

物资：画纸、画笔。

小贴士：有些小学生不准备分享感受，对此不用勉强，让小学生自由决定是否分享。分享没有对错之分，分享后都应给予鼓励。

活动 5-9：手写我心

目标：通过书信的方式，让中学生对逝者得以释怀，重整与逝者的关系。

核心价值：重整与逝者的关系。将从逝者身上所学习的事情，实践在生活中。

对象：中学生/能书写的人士（有至亲伤亡者除外）。

时间：1小时30分。

场地：室内/室外。

步骤：

1）社工需简述早前该区发生的地震的概况。

2）让中学生想起灾难时，身边有亲戚、朋友或同学在灾难中不幸遇害，可能有很多话还没说，可能会很怀念他。

3）社工可给出不同的问题，让中学生以第一人称写信给逝者。

5. 早期服务之4C

重点：通过问题，让中学生重整与逝者的关系并延续逝者的精神。

解说问题：通过不同的问题，让中学生如同与逝者直接对话，从而重整与逝者的关系。

书信中尝试回答的问题：
1）逝者的名字是：＿＿＿＿＿＿＿＿＿＿＿＿＿＿＿。
2）你和逝者的关系是：＿＿＿＿＿＿＿＿＿＿＿＿＿。
3）逝者最喜欢的东西是：＿＿＿＿＿＿＿＿＿＿＿＿。
4）逝者令你最难忘的是：＿＿＿＿＿＿＿＿＿＿＿＿。
5）和逝者共度最开心的事：＿＿＿＿＿＿＿＿＿＿＿。
6）逝者最艰苦的日子是：＿＿＿＿＿＿＿＿＿＿＿＿。
7）逝者怎样面对逆境：＿＿＿＿＿＿＿＿＿＿＿＿＿。
8）逝者生命中最大的成就是：＿＿＿＿＿＿＿＿＿＿。
9）中学生最欣赏逝者的：＿＿＿＿＿＿＿＿＿＿＿＿。
10）中学生会延续逝者的：＿＿＿＿＿＿＿＿＿＿＿。
11）中学生知道逝者对自己的期望是：＿＿＿＿＿＿。
12）在什么日子，中学生会特别怀念逝者，中学生会做些什么：＿＿＿＿＿＿＿＿＿＿＿＿＿＿＿＿＿＿＿＿。
13）中学生最感激逝者的是：＿＿＿＿＿＿＿＿＿＿。

14）中学生内心仍未曾向逝者说的是：＿＿＿＿＿＿＿
＿＿＿＿＿＿＿＿＿＿＿＿＿＿＿＿＿＿＿＿＿＿＿＿。

15）可以的话，中学生希望为逝者送上什么：＿＿＿＿。

16）面对当下的困难，中学生知道逝者希望他如何活下去：＿＿＿＿＿＿＿＿＿＿＿＿＿＿＿＿＿＿＿＿＿＿。

解说物资：纸、笔。

小贴士：中学生可能不能回答所有问题，所以应让中学生自由选择。在写信的过程中，中学生可能会有情绪的起伏，应该容许这些情绪，并让中学生知道这些情绪是正常的。

活动 5-10：拍新全家福

目标：让居民重整新生活；与居民建立关系。

核心价值：通过拍摄全家照让居民面对新的家庭状况，让居民更容易地打开话题。

对象：灾区的居民。

时间：前数天可以拍照，活动结束前两天将照片送到居民手中。

5. 早期服务之4C

场地：居民家。

步骤：

1）社工先准备照相机，然后到每户家中为居民拍全家照。

2）在拍照的过程中，把所拍照的帐篷号码记下，方便日后派发相片。

3）在过程中，居民可能会说地震时家中有人逝去的事情，社工可以倾听居民的讲述，同时也要带出正能量。

4）最后一两天把冲好的照片送给居民，并和他们告别。

重点：让参加者重视家庭状况。

物资：照相机、相纸、相片打印机。

小贴士：1）活动需于地震后灾民生活整顿好后，才可以开始。若太早拍摄全家照，居民的情绪起伏会太大，进而影响活动的开展。

2）有些居民不愿意拍摄或家庭成员不在家，不需要勉强；若家庭成员不在家，可留待第二天拍摄。

5.7.3 ACT之压力解说会（Critical Incident Stress Debriefing，CISD）

1. 压力解说会不是治疗

发生重大灾害后，人们可能因为在事故中经历太深而会引起心理不安及困扰，通过关键事件压力解说会（以下简称"压力解说会"）中的小组分享及教育，可让受影响的有关人士尽快回复原来状态，降低受事件所引发的心理不安。而压力解说会的基本前设是参与者都是一般的正常人，经历过一些不寻常的突发事件而产生正常创伤性反应，因此压力解说会并非小组心理辅导或任何治疗工作，而只是一种预防性的分享聚会，目的是协助参与者明白自己的心理反应及在事件后对自身的影响。尽管部分人会觉得不需要这种服务，但需强调的是，每一个人的出席，都会成为其他参与者在情绪等各方面的支持，对他们有所帮助。以下内容编译自Mitchell & Everly（1986）的"重大事件压力管理"（*Critical Incident Stress Management*），J. H. Ehrenreich（1997）的《应对灾难：心理社会介入指导》（*Coping with Disaster: A Guidebook to Psychosocial Intervention*），以及李功迎、张作记、戚厚兴、冯学泉的《紧急事件应激晤谈与危机干预》。

5. 早期服务之4C

图5-14　社工在开展压力解说会

2.目标

一个关键事件压力解说会有三个主要目标：①缓解创伤；②推进恢复正常进程和自我适应心理健康功能；③作为筛检及评估的机会，以确定谁需要更多的支持服务，转介予相关专业人士跟进。

3.条件

（1）小组不多于20人。
（2）需历时2～3小时，过程不宜间断。

（3）组员必须已经结束了创伤事件，一般建议至少1~3天后。

（4）组员必须是同质的，并在创伤事件中的经验是相似的。

（5）至少需要2位辅导员。

（6）一个安全和稳定的室内环境。

4.流程

（1）第一阶段：简介（Introduction Phase）。在这个阶段，领会者的简介需包括：

- 自我介绍：姓名、职业、单位等；
- 介绍组员；
- 解释举办压力解说会的原因和目的，以减少阻抗，取得组员的合作；
- 描述压力解说会的流程，如压力解说会进行中参与者会被邀请分享他们在创伤事件中的经验和感受，然后领会者会分享事件后一般正常和不正常的反应；
- 回答组员的一些基本问题，强调严格的保密性，不许录音，压力解说会结束后不能对第三者分享压力解说会内容；

5. 早期服务之4C

- 讨论中的参与是自愿的，但鼓励积极投入；
- 组员有权不说话，可以用点头摇头的方式表示答案；
- 组员可以说自己的事情，也可以说其他人的反应，也可以随时问问题；
- 批评和指责组员是不容许的，每位组员需聆听其他组员的发言，并尊重每位组员发言的机会；
- 过程中如非因情绪波动而需领会者陪伴离开（情绪平伏后亦鼓励回到压力解说会），期望组员能全程参与。

（2）第二阶段：事实（Fact Phase）。此阶段每位组员被邀请用2~5分钟概述有关创伤事件的事实，不鼓励过多的细节。组员分享不分先后，亦可选择这一轮沉默不言，但必须是轮流发言，逐一回顾事件的情景和分享出当时的所见所闻时，整个创伤事件便会慢慢呈现在组员面前。其实这个阶段主要是帮助学员开始交谈，因事实是比较容易分享的，这让组员有机会贡献于讨论中，能有效地降低组员的焦虑，让组员知道，他们对讨论有控制权，但这不是压力解说会的精髓，更重要的部分在后面。这阶段，领会者以倾听为主，不必给予很多的响应，但需要经常提醒大家在这阶段要分享的是事实，感受和反应可留待下阶段再分享。较常用的提问句为：

- "你在创伤事件中看到了什么？听到了什么？闻到了什么？采取了什么行动？"
- 当一个人谈完时，"谢谢你和我们分享这些"。"我知道分享这些东西让你很难过，但真的谢谢你"。
- 让下一个人分享时，"请问你能不能回忆一下……"

（3）第三阶段：思考（Thought Phase）。这阶段是从认知领域进入情感领域的过渡。这是让一个人先去分享自己对事件的想法，而不是一开始就把发言重点放在这一事件最痛苦的方面。典型常用的提问："创伤事件后你首先想到或最突出的想法是什么？之后你还有想到什么吗？你有任何相应的行动吗？同样，我们将在房间里给大家一个发言的机会，如果你暂时不希望分享，亦可以保持沉默。这将是我们最后一次邀请大家轮流发言。"

（4）第四阶段：反应（Reactions Phase）。反应阶段是CISD中的核心阶段，它着重于创伤事件对组员的影响。愤怒、沮丧、悲伤、失落、困惑等情绪或会出现在组员的分享中。关键的提问是：

5. 早期服务之4C

- "对你个人而言，创伤事件给你带来最糟糕的是什么？"
- "你当时身体有什么反应？感受如何？"
- "一段时间之后或现在你身体和感受上有什么不同吗？"
- "你的家人或身边的人如何看待或响应你的这些反应？"

这些问题将不再是组员轮流回答，而是谁愿意谁先分享。领会者需仔细聆听，并引导和鼓励组员多分享个人的内心感受。领会者在这阶段需留下充分时间和空间让所有组员尽情表达和交流，并对组员的分享表达充足的接纳。当CISD进入下一阶段时，组员将会从情感领域再次被引导至认知领域进行讨论。

（5）第五阶段：症状（Symptom Phase）。在这阶段，提问重点是：

- "当大家一直面对和处理由创伤事件引起的影响时，

大家有留意到在身体、情绪、认知或行为层面上出现了什么特征或表现吗？"
- "有没有人是用一些从前的经验去处理这次的情况？有的话，可以和我们分享吗？"
- "当大家下次在生活中再遇到类似的感受时，你会如何帮助自己更好地去应对？"

领会者需仔细聆听组员提出的相似的表现和症状，并辨别组员正面和负面的应对方法，然后将这些重点加入教育阶段一并给予响应。

（6）第六阶段：教育（Teaching Phase）。在这阶段，领会者将说明创伤事件后一般会出现的正常和不正常反应，对组员因创伤事件引起的反应给予响应和肯定，正常化组员的反应，并提供压力管理的信息。此外，领会者需强调组员之间的分享和互助是能够带来帮助的应对方法之一；同时，点出组员在创伤事件中一些正面应对和经验的分享，这样能为组员带来一个积极面对生活的态度。

5. 早期服务之4C

（7）第七阶段：再进入（Re-entry Phase）。这是压力解说会的最后阶段，领会者可澄清和回答组员提出的一些可能被忽略或者不清楚的问题，并对整个压力解说会作出总结，再次肯定组员的参与和分享，补充一些最终的解释、信息和指导，预告未来跟进计划。

5. 后续

压力解说会结束后，茶点时间能为领会者提供一个后续跟进的平台。此时领会者需要把握机会接触一些需要接受进一步转介服务的组员，可以和组员进行单对单对话。对于整体而言，领会者可于2～3个星期后通过问卷或访谈追踪组员的情况，了解组员感到有帮助或需继续协助的地方。

6. 总结

很多学者对压力解说会的效果进行研究，目前而言，将压力解说会用在直接受灾者身上的效果仍是具争议性的，反而对于灾害目睹者和支持人士，普遍研究都认同压力解说会能够产生一定的效果。然而，在多变的灾区，环境并没有为压力解说会的实施提供良好的条件；在需求巨大的背景下，压力解说会也常常出现面对大量的对象而时间不充分的情况。因此，在我们的经验里，较多利用一小时的"简化解说会"（Defusing），即运用40分钟引导组员破冰建立关系和分享各自的经验，再用20分钟简短地讲解灾后创伤性反应，可以帮助组员正常化他们的忧虑和恐惧，程序上可参考压力解说会，只是深度较浅。此外，由于灾后创伤反应有滞后的表现，解说会一般可于灾害发生数天以至一年期间进行。若压力解说会举行时已离灾害结束数个月，形式仍可参照上述七个步骤进行，但在核心提问中可作一些修订，例如不要求组员"陈述灾害当时的情景"，改而要求组员分享他们"最难受或困扰的时刻"，这样的改动令分享的时空更富弹性和更贴近组员需要。最后，社工还要衡量社工与受助者关系建立的程度、受助者是否有足够的心理力量（Psychological Strength）以及时机是否成熟（Client's Readiness）去邀请受助者进行灾后解说。

16 悲伤辅导与创伤障碍

ACT模式中的T即治疗（Treatment）。Roberts A.特别介绍了创伤压力反应、灾后创伤反应、紧急创伤与压力管理等10项程序。因为本书着重在灾难冲击期的实务指导，故对治疗只作简单介绍。

悲伤辅导中的接纳与重建

6.1.1 正常的悲伤现象

要辅导经历丧亲之痛的人，必须熟悉属于正常悲伤的各种反应。这些正常的悲伤反应涵盖范围很广且种类繁多，但大致可以分别列在四个大项目下进行描述：①感觉；②身体感官知觉；③认知；④行为。（见表6-1）

表6-1 悲伤的反应

分类	悲伤反应
感觉	悲哀、愤怒（主要来自没法防止死亡而产生的挫折感或失去亲人后的一种退缩反应）、愧疚感与自责、焦虑（主要来自"没有他我活不下去"或因亲人的死亡而强烈地意识到自己生命的有限）、孤独感、疲倦、无助感、惊吓（常见于突发死亡情况）、渴念、解脱感、放松、麻木
身体感官知觉	胃部空虚，胸部紧迫，喉咙发紧，对声音敏感，呼吸急促有窒息感，肌肉软弱无力，缺乏精力，口干，一种人格解组的感觉："我走在街上，可是没有一件事看起来是真实的，包括我自己在内。"

续表6-1

分类	悲伤反应
认知	不相信死亡的事实，困惑（思绪剪不断理还乱，精神不集中及健忘），沉迷于对逝者的思念，感到逝者仍然存在，幻觉（视幻觉和听幻觉较常见）
行为	失眠，食欲障碍，心不在焉的行为，社会退缩行为，梦到失去的亲人，避免提起失去的亲人，有声无声地寻求与呼唤逝者，叹气，坐立不安，哭泣，旧地重游及随身携带遗物，珍藏遗物

6.1.2 影响哀悼的要素

我们在第5章中已讨论过为何要哀悼，因为哀悼正是一个人从悲伤到适应的过程。而悲伤辅导旨在催化人们完成哀悼任务，Worden（2008）指出我们有必要先了解影响哀悼的要素。

要素一：失落的对象是谁。要预测一个人对失落的反应，你需要知道逝者是谁以及逝者与生者的血缘关系。

要素二：依附关系的本质。你不仅要知道逝者是谁，还要了解他们的依附关系，包括：①依附关系的强度；②依附关系的安全度；③爱恨冲突的关系；④与逝者的冲突；⑤依赖关系。

要素三：死亡的形式。死亡的形式需要考虑以下层面：①地理位置的远近；②突然或预期死亡；③暴力或有创伤的死亡；④短时间内失去很多亲人的多重失落；⑤可预防之死亡；⑥不明确的死亡；⑦被污名化的死亡。

要素四：过去的悲伤经验。要预测悲伤反应，必须了解个人过去有没有失落的经验，以及过去如何处理失落的悲伤。当时已经有适度的悲伤，还是过去未解决的悲伤被带至这个新的失落中呢？家庭背景和过去的悲伤经验也有关联，未解决的失落和悲伤也可能超越数代而影响现在的哀悼过程。

要素五：人格变量。悲伤者的人格结构在了解个人对失落的反应时，是一个重要的元素，这些人格变量包括：①年龄和性别；②适应风格；③依附风格；④认知风格；⑤自尊及自我效能；⑥假设世界（信仰和价值观）。

要素六：社会因素。影响哀悼的社会因素包括：①从社会可获得的支持；②对社会支持的看法和满意度；③社会角色参与；④宗教资源和种族期待等层面。

要素七：伴随而来的压力。死亡或会引发无法避免的改变和危机，如家庭经济恶化，这些改变和危机将为悲伤者带来额外的压力，同时影响着他的哀悼过程。

6.1.3 悲伤辅导（Grief Therapy）的目标和过程

悲伤辅导的终极目标是协助生者完成与逝者间的未完之事，并向逝者告别。

6. 悲伤辅导与创伤障碍

Rando（1993）指出，辅导者可按当事人情况而协助度过哀悼的历程。

1. 承认逝去（Recognize）

辅导者可通过言语提问、仪式、资料搜集及家庭会议等方法协助当事人在认知和情感层面上承认逝者已矣的事实及明白导致死亡的原因，并放下可与逝者重聚的幻想。

2. 抒发情绪（React）

在安全环境中，辅导者可协助当事人了解其有情绪的起伏是正常的，当事人须充分经历失落与分离带来的痛苦，告别和哀悼失落带来的次损失，并为这系列的情绪寻找合适的表达。

3. 再经验与逝者关系（Recollect）

辅导者可伴陪当事人通过相片、回忆录、录像、旧地重游、角色扮演等去回顾及重新经历与逝者的关系。

4. 转化与逝者旧有的联系（Relinguish）

辅导者可引导当事人学习对逝者及以往的生活放手，不执着以往所拥有的一切，将从前肉体上的关系转为心灵或精神上的联系，并发掘丧亲后生命对家属的意义。

5. 适应丧亲后的生活（Readjusting）

辅导者可协助当事人适应一个新世界而不用忘却旧的，包括建立新的生活模式，如发掘新的生活经验和生活技能，以及建立新的自我形象如肯定自我独特性和照顾自己的需要，协助当事人克服失落后再适应过程中的障碍。

6. 重新投入生活（Reinvesting）

辅导者可鼓励当事人将个人内在资源，如时间、心力、情感等再投入新的活动、目标、角色和人际关系，让生者能得到情感上的满足。

这里要注意的是，哀伤的历程不会按顺序出现，而且可能同一时间或反复交替出现。同时，每个人的历程或步伐都是独一无二的，所以不必介怀自己的状况与别人不同。

6.1.4 禁忌与原则

在灾区我们不一定有机会和灾民进行完整的悲伤辅导，但我们整理出禁忌和原则，是社工与灾民接触时需要注意的。

1. 禁忌

（1）不要令灾民"重演创伤"：可以鼓励灾民说出痛

6. 悲伤辅导与创伤障碍

苦，但应留意不可刻意触动他们的创伤。只需聆听对方的倾诉，不宜仔细、主动地询问对方创伤的详情。

（2）不要问"为什么"："为什么死那么多人？""为什么是中国？""为什么这样惨？"

（3）不要胡乱给答案，不说一些似是而非、胡说的话使人感到不安。

（4）不要给予太多的忠告及意见，不要轻易建议作出改变。

（5）不要对灾民的哭泣有过大的反应。同时，让灾民通过无拘无束的哭泣舒缓悲伤、不安等情绪。

（6）不要用"时间可以解决一切"安慰灾民，时间并不能解决创伤，解决创伤的是人的心。

（7）不要期望自己能通过做什么而抹除灾民的哀伤。

（8）不要将自己要帮助人的需要盖过家属的哀伤需要。

（9）不要访问或问卷调查如家中死了多少人，有没有财物损失等问题，以免使居民感到难受。

（10）不要说"要振作些""你会克服的""节哀顺变"等语句，因生者会感到你不愿进一步聆听他的伤痛。

（11）不要说"我很了解你的感受"或作太多个人经验分享，因生者或会感到个人经历的独特性被否定，又或会质疑辅导者的真诚。

（12）不要以"长睡""过身""过世""归天""去了""不在这里了"等隐晦或浪漫化的词句代替"死"字。

2. 原则

（1）帮助生者承认失落，鼓励生者谈论逝者，不忌讳地用"死"字谈及逝者。

（2）帮助生者界定及表达情感，注意帮助生者表达时可能需要采用一些较间接和中性的字眼。

（3）允许个别差异，尊重灾民独一无二的哀伤及跟从他们的步伐。

（4）让灾民了解有关哀伤的历程，并帮助其接纳自己的反应。情绪不分对或错，只分有或没有。面对及开放的态度可减轻它的程度，抑制反而会让人更辛苦。

（5）肯定灾民与逝者之间的爱及关系。

（6）留意纪念日及时节对灾民的影响。

（7）容许灾民对着相片回忆或对着遗物说话，接纳挂念之情。

（8）可靠近灾民及部分的身体接触，如握握手、拍拍肩膀。

（9）持续地给予支持，耐心聆听及回应灾民的需要。

（10）留意灾民有没有创伤障碍的病症，特别是灾害发生后3～6个月才会出现痛苦的病症。

6. 悲伤辅导与创伤障碍

（11）可以说："我感到好难受。""你所经历的一切其他人都很难明白。""如果我在你的处境，我也会有同样的感受。"

6.1.5 总结

悲伤辅导的目标稍异于悲伤治疗。前者是针对近期丧亲的人，催化他们完成哀悼的任务；后者是针对那些悲伤反应欠缺、延迟、过度或过久的人，协助他们承认与解决阻碍完成哀悼的冲突或事件。因此如果辅导者发现当事人符合后者所陈述的情境，建议转介专业的心理治疗师为他进行悲伤治疗。然而，在灾区进行悲伤辅导工作仍然要求辅导者的机动性较大，因为不一定会有专业办公室，也不知所遇见的灾民已经经历悲伤多久。辅导者需要有随时随地进行辅导的心理准备，并按照灾民所经历的悲伤，选择适合的场地、时段和介入模式，有时还需要善用当地的志愿者和有共同悲伤经验的人，陪伴和支持灾民。更重要的是辅导者本身亦需接纳自己的负面情绪，如面对死亡及悲伤的无助及无奈时，允许自己流泪和抒发情绪，并照顾自己的需要。

6.2 创伤障碍的检测与治疗

6.2.1 为何严重灾害会造成那么巨大的心理影响

纵然大多数人不时通过大众媒体得知严重灾难所带来的影响，但人们大多会认为自己是安全的，以为这类创伤不会发生在自己身上。在创伤事故发生之前，人们会有一些基本假设，包括相信世界大致上是美好的、生命是有意义的、事物是合理的。可是，创伤事故突然发生，令人们在一瞬间掌握不了身边的事物，失去安全感，这个世界便变得不再安全和安定了。此外，严重灾难是突如其来、出其不意地发生的，因此人们那由思想、感情和身体机能所组成的整个人体系统，便要在一瞬间进行调节，倾尽全力去应付创伤情况，这时人体的求生机制便会作出适当的反应。这些反应可能与平常的反应大相径庭。

6.2.2 创伤障碍的成因

创伤障碍的问题就是出于人们的意识在创伤事故过去

6. 悲伤辅导与创伤障碍

后还以为自己身处危险之中，于是便会出现身心的种种反应（详见表6-1），令自己非常疲累和不安；而长期的压力更会影响到健康、情绪、思想、行为和人际关系等方面。

6.2.3 创伤障碍的症状

创伤障碍的症状如表6-2所示。

表6-2 创伤障碍的常见症状一览

序号	症状	表现
1	再经历创伤事件	不由自主地涌现灾难的回忆并反复回忆，或认为痛苦的事会重复出现
2	情境再现	脑海中不能控制地闪现灾难性的情境，好像播放电影般一幕幕地重现眼前，患者会感到十分痛苦
3	梦魇	晚上会做噩梦，灾难的情境会在梦中出现，也会从梦境中惊醒过来
4	情绪困扰	回想创伤事件时会引发极大的情绪反应，感到痛苦及悲伤
5	生理反应	出现失眠、心悸、手抖、冒汗、尿频、胃口欠佳、消化不良、女性经期紊乱或闭经等症状

续表6-2

序号	症状	表现
6	麻木	在遭遇创伤时及创伤过后，人体系统会本能地保护自己，免受情绪上极度痛苦的伤害。不少创伤生还者都指出事发时他们对那些非常难受的经历毫无感觉
7	逃避	会逃避创伤事件的刺激，包括有关的活动、地点或人物
8	过度警觉	在非必要的情况下，特别留意周遭环境，防范可能出现的危险，有杯弓蛇影的反应
9	睡眠困难	失眠、睡得不好、易醒、不能入睡、不能熟睡，是很普遍的反应，患者也因此而疲惫和精神不足
10	焦躁易怒	焦躁和愤怒会无缘无故地爆发出来，而且患者会觉得很难控制自己，特别是没有机会分享感受的受灾者，哀伤情绪很容易会转化为愤怒或迁怒于他人
11	注意力不集中	心神恍惚，不能集中精神，不能专注，心事重重
12	易受惊吓	患者的心已经承受了过重的负担，再受不了刺激，所以很容易受惊，有惊弓之鸟的感受

资料来源：叶大为（2008）。

6. 悲伤辅导与创伤障碍

6.2.4 创伤障碍的时间性

不同的创伤障碍持续的时间不一，详见表6-3。

表6-3 不同创伤障碍持续时间一览

类型	时间性
急性创伤障碍	指灾后出现症状但症状持续少于3个月
慢性创伤障碍	指灾后出现症状但症状持续多于3个月
滞后型创伤障碍	指症状于灾后6个月才出现，亦是三类之中最为棘手的，因为患者会强烈压抑自己的情绪，表现得过分坚强。但由于痛苦的情绪长期得不到宣泄，因此很有可能出现后遗症

6.2.5 其他疾病是否会伴随创伤障碍发生

忧郁症、酒精或其他物质滥用，或是其他焦虑症伴随发生的情况并不少见。当这些症状经过适当识别及治疗后，创伤障碍治疗成功的可能性会随之增加。

头痛、胃肠不适、免疫系统问题、晕眩、胸口疼痛或身体其他部位不适都是常见症状。通常，医生在治疗时不知道这些症状是由创伤障碍造成的（台湾心理健康研究院，2008）。

6.2.6 创伤障碍自评表

表6-4是创伤障碍自我评估表。

- 如果所有题目都回答"不是",相信你并没有受创伤障碍所影响。
- 如果部分回答"是",另一些回答"不知道",则你很有可能已经受到某种程度的情绪影响,但不算是创伤障碍。
- 如果你在第3~10项中,都回答"是",你很有可能已经患上创伤障碍。
- 如果你全部的答案都回答"是",你肯定已经患上创伤障碍,必须接受专家的治疗,不可拖延。

6. 悲伤辅导与创伤障碍

表6-4　描述创伤障碍诊断标准

序号	评　估　项　目	是	不是	不知道
1	你曾体验到、目击或被逼面对灾害的发生，当中涉及死亡或严重的身体受伤，威胁到自己或他人的身体完整			
2	你在这灾害中的反应有：强烈的害怕、无助感或恐惧感			
3	你反复地带着痛苦，让回忆闯入心头，包括影像、思想或自觉			
4	你反复地带着痛苦，梦见此事件（这灾害的惨况）			
5	你仿佛觉得灾害会再度发生（感受到当时的经验，或情境再现）			
6	暴露于这灾害、类似的事件或情境时，感觉强烈的心理痛苦			
7	身处于象征这灾害或类似之创伤事件内，会有生理上的反应。如出现失眠、心悸、手抖、冒汗、尿频、胃口欠佳、消化不良、女性经期紊乱或闭经等症状			

序号	评 估 项 目	是	不是	不知道
8	持续地逃避有关是次灾害的刺激,并有着一般反应性的麻木(灾害前是没有的),并吻合下列7项中的3项或以上: 1)努力逃避与灾害有关的思想、感受和谈话 2)努力逃避会引发灾害回忆的活动、地方和人士 3)不能回想灾害发生时的重要部分 4)对重要活动显著地降低兴趣,或减少参与 5)与他人疏远,或有疏离感 6)情感范围局限(如不能有爱的感受) 7)对前途感到悲观(如觉得前路茫茫、一片黑暗)			
9	持续有警醒度增加的症状,并吻合下列5项中的其中2项或以上: 1)难以入睡,或是难以维持睡眠状态 2)易怒,或爆发愤怒 3)难以专注 4)过分警觉 5)有过度的受惊吓反应			
10	有第3~9项的征状,期间持续超过一个月			
11	以上的障碍造成你很大的痛苦,使你不能工作、不能上学、不能融入社会,也不能与他人建立正常的人际关系			

资料来源:叶大为(2008)。

6.2.7　创伤障碍的处理方法

　　一般来说，治疗创伤障碍的方法包括心理治疗、药物治疗，或两者同时进行。药物治疗能够解决患者生理上的问题，如减轻焦虑和忧郁等症状，并帮助其睡眠。心理治疗的首要目标是帮助患者在灾难后适应各方面之转变，了解病征的破坏性，明白现有病征与创伤事件的关系，对创伤事件作出现实和有建设性的评估，以及以正确和健康的处理方法取代不良行为，等等，这些都是心理治疗的范围。种种心理治疗方法之中，眼动降敏疗法（Eye Movement Desensitization & Reprocessing）和认知行为治疗（Cognitive-Behavioural Therapy）是已被证实有效治疗创伤障碍的疗法。其中，认知行为治疗的主要治疗成分包括：

- 帮助患者掌握有关创伤障碍的正确资料，并了解创伤事件对自己各方面的影响；
- 通过对谬误思想和世界观的重整，对恐怖的创伤事故进行处理、面对及整合；
- 通过让患者重复地面对真实或想象之困扰环境，直至习惯及适应为止，令他们重新掌握及控制身体的压力反应；

- 提醒及协助患者重建可靠的社会网络、人际关系和日常功能。

由于以上两种心理治疗皆需由具有专业资格的治疗师进行，故社工在处理创伤障碍患者时的角色主要是协助识别潜在患者和转介患者至精神科医生和心理治疗师。

6.2.8 创伤障碍自助处理、抒发情绪的方法

在灾区，人手不足或转介系统不完善的情况会时常出现。在患者等待接受专业治疗期间，社工可跟据患者的需要及实际情况，有选择性地给予患者自助处理的建议和抒发情绪的方法。

1.自助处理的建议

- 尽量保持与亲人及社区的联系。即使患者悲痛欲绝，不想与人谈话，也不要长时间地自我封闭。创建幸存者的互相支持和鼓励是十分重要的，因为患者们拥有

6. 悲伤辅导与创伤障碍

共同的经历，最能了解对方的感受，有助于减轻孤单感。

- 认识创伤的种种反应、后遗症及其普遍性，进而了解并接纳自己的反应，不要以为自己"神经病"或软弱。
- 多参与社区救援或其他有意义的社区活动，有助于减轻无助感，使患者记得自己仍然有用。
- 好好照顾自己的身体：尽量保持休息及定时进食，保持个人卫生，维持合适的活动量。
- 好好照顾自己的情绪：容许自己松一口气，容许自己哭和笑，接纳及体谅自己的哀伤及各种情绪变化，为自己及别人打气，做为患者带来安慰的事或见为患者带来安慰的人，化悲愤为正面力量。
- 好好照顾自己的灵性：假如患者有信仰，可以进行静思、祈祷、读经或唱诗等活动，有助于使患者感到安慰、重拾盼望。
- 若有不满或反省，可尽量朝改善的方向想，并把改善方案与人分享，或告知有关机构。

- 解决困难时，可以把目标分拆成细小的短期目标，有助于更集中达成目标（李咏茜，2008）。

2.抒发情绪的方法

- 学习放松，能有效减轻身体长期陷于"作战状态"所引起的不适。
- 写作疗法：将事故经历和感觉写下来，可以降低患者心中的屈压感，亦可促进患者从另一角度看整件事。
- 艺术疗法：患者可以运用音乐、舞蹈、诗词、绘画等方法，把想法、记忆和感受表达出来，同样有抒发情绪、整顿体会的作用。
- 适度进行正面的分散注意力活动，如帮助照顾其他人或参与社区重建，有助于患者稳定情绪及重投生活。
- 面对疗法：在复原过程中，部分人会不自觉地产生一些不健康的逃避行为，可越是逃避，压力反应往往越是严重，所以请尝试在适当或有需要的情况下，勇敢地面对一些勾起患者创伤回忆的人和事。

灾后重建社会工作服务
——以北川擂鼓社区为例

2008年中国四川汶川5·12大地震,那是一场牵动全中国乃至世界高度关注的灾难。短短两分钟时间,却给灾民留下难以磨灭的记忆与悲痛,生命在此刻显得如此脆弱与不堪一击。逝者已矣,但幸存下来的灾民承受着莫大的伤痛,他们需要直接面对亲人、朋友、爱人……离世的事实和内心仍未消除的恐惧,有的甚至因此不能正常生活。当地震已经过去1~2个月,灾后的重建也在陆续开展,通常灾民首先关注的是道路、住房等基础设施的重建,但文化重建以及心灵重建同样非常重要。

居民的日常生活、农务、居住点布置等工作都在有条不紊地进行,政府对灾区的应急救援也在按计划开展,各地的支援物资也在源源不断地输送进来,灾区与外界的交通时不时阻断,但总算能勉强通行。灾区在一片慌乱中慢慢恢复旧日的秩序——社工就是在这样的背景下介入灾区的重建工作,开展社会工作服务的。

7. 灾后重建社会工作服务

图7-1 社工在组织老年人进行小组活动

　　无国界社工于灾难发生后黄金72小时内奔赴现场，经过走访不同灾区并考虑自身资源，最终驻足于北川县擂鼓社区开展灾后社区重建社工服务。

7.1 灾后社会工作的四个阶段

1. 第一阶段（灾后1个月左右）：实时情绪支持

（1）为灾民提供及时的情绪支持和灾后解说会。

（2）评估筛选出合适的队伍开进灾后支援服务的安置点。

2. 第二阶段（灾后1～3个月）：陪伴和协助情绪抒发

（1）社区需要评估。

（2）成立/组织持续性、治疗性小组，协助灾民互助。

（3）举行哀悼及纪念活动，有助于抒发情绪。

3. 第三阶段（灾后3～12个月）：支持灾民恢复日常生活

（1）协助灾民重新规划未来生活及生计。

（2）成立/组织各种成长、互助及义工小组，协助灾民适应新生活模式。

4. 第四阶段（灾后1～3年）：支持灾民重新建立生活，齐心参与社区建设

（1）协助灾民处理灾后衍生的问题，如家庭重组、失业、隔代亲子、文化承传。

（2）发掘社区中的居民领袖和志愿者，重点培养。

（3）协助居民投入新社区建设，推动社区恢复和谐。

7. 灾后重建社会工作服务

图7-2 社工与灾民同行

7.2 社工的角色

现仅从我们驻灾区提供社工服务的历程，总结当时社工在灾后重建期间扮演的角色及发挥的作用。社工的角色大致可以分为以下类型。

1. 不以专家自居的支援者

作为众多带着满腔服务热情涌入灾区的群体之一，想要在灾后服务中找到合适的位置并非单纯靠热情就可以。更为重要的是如何做好一个有心人，明白自己作为支援者，居于非主导地位，不以专家自居，而是让灾民感受到有一股强而有力的力量就在身边,像荧火虫一样,只要需要,随时都可以取用。这样,灾民就不至于孤立无援,不至于失去希望,而是可以带着勇气和希望面对未来的挑战和困难。

而这个支援者的形象建立,需要通过不断地跋山涉水,深入社区各个村落及家庭探访,为每一个家庭、每一位家庭成员建立他们的家庭及个人档案,捕捉他们的潜在需求。需要提前做足各种随时可以支援的准备,包括内部及时共享资料、评估现况、理清迫切的需求、联络外界、调动可用的资源、与居民一起展开重建工作,等等。

当然,在这个过程中,尤其需要避免给灾民造成"社工万能"的错觉,需要适时表明"社工并非万能,但必定竭尽全力,协力同行"的态度。

2. 用心的倾听者

当灾民普遍处于震后应激反应阶段时,灾民通常只关注到自我内心的反应和自我状态,加上中国传统文化提倡的"诸事求己不求人"的观念,以至于灾民较少会主动袒露自我,向外寻求帮助。此时,社工作为外人,想要了解灾民需要,就要拿出足够的真诚和心意,认真倾听他们的经历,敏锐地洞悉每一句话背后的含义,让他们及时排解心理压力和困扰,与他们协力同行,走过阴霾期。

7. 灾后重建社会工作服务

3. 整全的专业服务提供者

社工通过定期的社区走访、家庭探访、个人访谈，寻找关键人物，建立家庭及个人档案等形式，用心体会及领悟灾民的现时状态，逐步摸清不同阶段不同层面的需求。在此基础上，社工开始提供系统的服务，通过个人—家庭—社区的服务模式，恢复社区生态系统。

4. 社区资源的连接者

震后的灾区百废待兴，居民的需求呈现出多样性和复杂性，容易让人陷入手足无措的境地。若能将外界丰富的资源准确地引入，无疑可为灾民输入重生的希望，为灾民注入持续重建的战斗力。

一线的社工很多时候会觉得扮演这个角色的可能性不大，这个角色应该是上一层领导的事情。但是在实际过程中发现，如果一线社工能较好地扮演这个角色，就有利于争取到更多的资源，能更有效地为服务对象服务，甚至可能影响到上层决策者的决策。因为是亲身经历者，了解一线最真实的情况，社工比较全面地知道服务对象的需求，经过基层调研呈现的材料可能更具专业性和科学性，这对争取资源或者满足上级了解情况的需要都会有不同程度的影响。特别是灾难发生后，上级领导需要快速了解现场情况与需求时，科学和可靠的资料显得尤为重要。

而身在灾区的社工——社区资源连接者的角色发挥，主要通过发布需求，并依赖驻灾区之外的团队成员在各个地区奔走呼应，寻求对接的资源。

5. 复原能力的促进者

人自身具有一定的自我复原能力，但面对如此重大的灾难，短时间内，单纯依赖自身的复原能力是不够的。正是借由社工的推动，令原本天性好玩的小朋友，逐步恢复"玩"的天性，回归真实自然的状态；原来有着正常社会交往的成人，尝试走出地震的阴影，重新回到正常的社会交往状态；原本正常的社区文化活动，如"跳锅庄"等，恢复原貌，逐步成为灾民茶余饭后重要的休闲活动。

通过扮演以上各种角色，社工在灾后重建期间，一方面，很有力地推动社区参与和重建社会融合；另一方面，发掘所需资源，及时对接资源，进行适当支援。同时，发展社会服务，关注有特殊需要的群体。

7. 灾后重建社会工作服务

7.3 推动社区参与，重建社会融合

7.3.1 政策方面

　　灾后重建期的社区重建涉及各方面的内容，灾民有参与经济、社会、文化等活动的基本权利和需求。他们有权通过适当方式充分表达他们的诉求，有权利参与涉及他们切身利益的政策和决议，也有权获得满足物资丰足和个人发展的需要。因此，在灾后重建的过程中，社工要做好相关部门的联络工作，让有关决策层有意识地开展相关活动以了解灾民需求。同时社工还要鼓励、引导灾民积极参与有关活动，充分表达他们的需求，切实履行自己的合法权利，增强民主意识。此外，在重建社会融合过程中，可能会有新居民加入社区，这时候协助这些居民尽快融入社区生活、适应社区环境的工作也很重要。无国界社工在每一次参加灾难支援的行动中都强调，一定要与当地政府建立密切的联络、沟通，及时汇报工作内容和进展，强调我们不是来添乱，而是协助政府减轻负担（黄，2011）。

灾后重建涉及多方面的事务，如社会救灾物资的分配、灾民安置点的搬迁与落实、住房重建救助的相关政策等，关系到灾民的切身利益，处理不好经常会出矛盾。例如住房重建救助，为了预防有灾民将救助款领取回去后不用于住房重建，到头来没有住的地方，政府会分几次拨款，等灾民把住房地基打好后，政府会拨一部分款，建到一定程度后再拨一部分款，以此来保证灾民的住房重建落到实处。可是灾民会不了解政府的用意，认为钱是国家拨给他们的，政府就该一次性拨给他们，让他们按照自己的意愿来支配；或者有灾民干脆就是有钱也不愿意重建房子，宁愿住在路边的临时安置帐篷里，而不顾住在狭窄路边的安全隐患。这都不利于灾后重建，更谈不上社会融合。这时候，社工要做好相关的协调工作，或在充分了解政府及相关部门政策的同时，及时、清楚地向灾民做好政策宣传，或与相关部门联系协调好资源连接与分配工作，或向服务对象传授知识和应对问题的技能，提供信息和情感支持，等等，充分发挥社工在此过程中的"润滑剂"作用。

7. 灾后重建社会工作服务

7.3.2 文化方面

在擂鼓社区灾民点，不少老年人很少到广场上参与活动，他们习惯于长时间留在家里。自从一批批无国界社工队员探访慰问他们之后，老人家开始自动到广场上来了，他们的接触范围越来越广泛，心情亦日见开朗。后来社工们更感到四川人性格爽朗，重乡情，能唱歌，爱跳舞，为此社工设计了以老年人为对象的"毛巾操"。一项类似"千人操"的广场舞活动使老人家反应热烈，纷纷呼朋引伴到广场来参与。大家一齐以毛巾作道具，在义工的带领下，按照音乐的节奏，喊着"1、2、3、4"舞动起来。动作慢了的被旁人催促着，动作错了的被邻近的人协助纠正……就这样，在互相提点下与嬉笑怒骂中舒活筋骨，结果返老还童，越舞越开心，广场顿时成了老人家的游乐园。几个月来少露欢颜、皱纹满布的脸上再次绽放出发自内心的笑容，哀伤暂时搁下了。

所谓"入乡随俗"，香港的社工从当地的志愿者口中了

图7-3　社工带领老人做"毛巾操"

解到，发生地震的川北山区，有不少回族、羌族等少数民族聚居，他们有许多传统风俗与文化艺术。例如探访回民时，入屋要脱帽，这是基本的礼貌，队员在探访时就大意不得；又如羌族妇女都学得一门好手艺，个个都懂得刺绣，充满民族风格的布挎包上绣有花朵图案，皆美其名曰"金盏花"，美观实用，已成为川北的著名手工艺品。于是社工设计了一项"金盏花美好人生"自强计划，把灾民安置点内的妇女组织起来，互相学习羌绣的方法，让她们的生活有所寄托，更拓宽人际交往圈子，尽快恢复工作，以开解哀伤与脆弱的情绪。

7. 灾后重建社会工作服务

图7-4　妇女们的羌绣作品

7.3.3　社会资源发展

灾后的社区重建过程中，社会资源主要有两个层次，即社区自身拥有的资源与社会组织资源。合理发挥和调动这两方面的资源是社工的重要工作之一。

首先，充分发掘自身资源。根据"人在环境中"理论，人是生活在一定环境中的人，在这个环境中，他们形成自己的关系网，进而形成一定的社会资源。社工可以协助他们在这个关系网下运用这些资源为自己服务。例如，为了重建房子，社工可以建议同一个社区的居民组成一个或几个互助小组，让他们商量好建各家房子的顺序，于是按照之前约好的顺序互相帮助共同建房子，从而可以省去花钱请施工队的开销，又能发挥他们自身的资源/优势。

其次是组织社会资源。社区重建过程中，社工可以利用手中资源为灾区连接所缺资源。依据经验，由于信息不对称，很多公益组织或企业拥有很多资源却苦于没有地方使用，而真正需要帮助的人们却求助无门。社工可以将了解到的情况以各种形式向社会发布，将社会上的资源连接到有需要的地区，充分发挥社工的中介系统的角色。

在擂鼓社区重建与发展的阶段，2009年中秋前夕，无国界社工在大片的空地上与灾民一起建造一些临时性的小区文康设施，平整地面，分别开辟了篮球场与排球场，添置了乒乓球桌等

7. 灾后重建社会工作服务

等。与此同时，向香港商业机构筹得善款，把一盒盒用环保袋包装的月饼送到居民家里。中秋节那天举办了一项千人聚会的大型活动，在开阔的球场进行各类球赛，更派发一些毛巾等物资作为节日小礼品。无国界社工在这个节日中实行跨界别的合作。香港英皇集团的艺人及职员组成数十人的义工团队于此时到达。英皇集团以半费资助的形式，鼓励旗下员工到灾区服务；同时，亦多次捐资无国界社工购备救灾所需物资，彼此已结成友好的合作伙伴。无国界社工运用社工的特长与英皇义工组成探访及工作小组，探访与慰问当地有需要的灾民及进行一些临时性的设施兴建，使效果更为深入与实际。

此外，香港来的社工发现灾民中出现了不少痛症。返回香港后，他们组织筹划，随后带领一队由骨伤科中医师组成的医疗团队前往灾区，治疗灾民出现的痛症。医师们准备一些药品，与社工一起走访灾民，对有需要的人留下足够应用一个月的药包，以纾缓他们身体的不适。这样一来，无国界社工作为一个平台，使热心的中医师亦得以发挥所长，前赴灾区，更好地服务灾民。

北川擂鼓社区康复服务

1. 项目理论背景

（1）创伤障碍症。普遍来说，灾后幸存者或多或少会有不同程度的创伤障碍（详见第6章）。大部分人在一段时间内，得到一定的资源和协助，会自动恢复到常态。研究表明，女性比男性容易受创伤障碍影响，60周岁以上的老人恢复得比年轻人快。灾后的16个月左右是创伤障碍减轻的一个转折点。

（2）精神/社会健康干预。在紧急救援阶段以后，建立在社区、家庭和文化基础上的精神健康干预和社会干预能够为灾后的社区、国家提供长远的精神健康政策指导方向。

（3）社会心理照顾和精神健康照顾。Ommerren等学者提出了在严重灾难后，小区精神健康服务所需要注意的原则：①在紧急情况发生前制定应急方案；②在干预前进行评估；③基于长远发展观来规划；④与其他机构合作；⑤提供基本健康医疗保障；⑥服务对所有人开放；⑦有培训与督导服务；⑧监督指标。

（4）经济再发展。世界卫生组织的专家认为，一定的经济再发展活动或者小项目能够成为化解压力和痛苦的一个明

7. 灾后重建社会工作服务

显来源。建立在社区基础上的自助小组对于社区活动的高效实施、社区居民的情感互助，互相分担问题，寻找解决方法等非常有价值。

（5）社区建设。社区建设是灾后恢复的重要部分。从美国卡特里娜飓风，到澳大利亚和新西兰的经验等等，均证明社区建设的重要性。

（6）正向心理学（Positive Psychology）对灾后重建的贡献。正向心理学中针对提高正面情绪、投入、意义等的标准的干预对抑郁有明显的帮助。研究也表明日常积极的情绪对于舒缓相对轻度到中度的压力有明显帮助。在24行动价值观（Values in Actions）当中，正向心理学是增强抗逆力、发展社区教育活动来促进积极心理健康的强有力的工具。（Peterson & Seligman, 2004）

2. 项目核心目标

（1）提升个人效能感（Self-Efficacy）。增权理念是社区工作中的一个核心思想，通过培养及发挥个人潜能，提升个人的能力感，从而达到增权的目标。

（2）强化社会资本（Social Capital）。社区的主要成分包括地域的关连，更包括人与人之间的联系。建立及加强人与人之间的关系，提升居民间的支持网络，既能提升一个社区的功能，亦增加了个人的社会资本，日后面对困难时有更多资源以助解决问题。

（3）促进社区凝聚力。马斯洛的需求层次论提及人满足了衣、食、住等基本需要后便会进入爱与被爱和归属感的层次。对一些孤寡及丧亲的灾民而言便是丧失了部分甚至全部的爱和对组群的归属感，提升家人间的支持及邻舍间的网络有助于他们感受到被爱和归属感，而通过爱别人和帮助别人更能促进小区凝聚力。

3. 项目内容

2009—2012年三年期间，在北川擂鼓社区服务处以"身心社灵、全人发展、撒播希望、感恩常乐"为主题，并重点推展下列9项核心服务：①个案工作；②小组工作；③大型活动；④"爱满人间"义工计划；⑤"长春藤"护老计划；⑥"向日葵"课余托管计划；⑦"伴我成长"青少年成长计划；⑧"金盏花美好人生"自强计划；⑨"薪火相传"本土社工培训。

4. 服务主题

"身、心、灵"三个字可解作："身"指身躯；"心"即心理，主要指情绪范畴；"灵"主要指精神和灵性状态，如人对生命意义、人生价值的思考，以及人的生死观、苦乐

7. 灾后重建社会工作服务

观。华人社会一贯重视"全人"概念，认为身、心、灵互为关联，同时与社会、大自然不断地互相联系和影响，并可达到体现生命的本质：健康的身躯、宽广和容纳的心及灵魂深处的感性，使身心灵三者平衡健康发展。

身心社灵，全人发展；撒播希望，感恩常乐

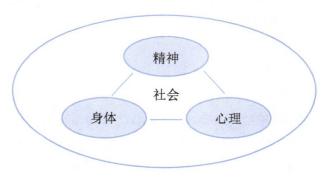

图7-5　身、心、灵全人健康

"身、心、灵"作为一个整体，具有两层含义：其一，指这种模式分别以"身、心、灵"这三个层面作主要介入途径，以促进全人发展；其二，指三者之间有着互动互倚的关系，通过三者之间互相良性的影响实现全人发展的目标。此外，人在社会生活中少不了受人际的互动影响，同时个人的变化也影响着周围环境的发展，因此人所处身的社会也是这模式所关注的一环（陈丽云，2009）。

希望 = 意志力 + 寻解动力 + 即使没有改变的等候力

在服务前两年，重建陆续展开，居民也要逐渐向受创的心灵说再见，并等待新生活新开始的来临。在这段过渡期间，一个有希望的人，能运用意志力朝着目标前进，面对困难也不放弃；他亦会相信问题总有解决的方法，困境必有出路；即使困境不容易在短时期内能逆转，因知道新的开始终会到临，也能够在等候期间积极生活。

感恩 = 欣赏 + 善意 + 回报

当我们的服务踏入第三年时，需为结束服务作准备。感恩使人专注于所得的恩惠，而不是想着自己缺乏些什么，这样正面的回忆能够建立正向的思维，由感恩而来对人对事的欣赏和善意会让人产生一种想回报的行动倾向，增强人际间正向的接触。即使在服务结束后的未来生活中遇上困难，这种连系和支持亦能发挥保护网的作用，加强了每个人的抗逆力。

因此，在运行"身心社灵，全人发展"的模式下，推广"撒播希望，感恩常乐"作为服务主题，希望能增加居民面对眼前混乱难耐的过渡期生活之能力和应付将来可遇见的困难之抗逆力。

7. 灾后重建社会工作服务

5.服务模式

根据以上理论、实践依据,加上对擂鼓镇社区情况分析,服务分类如下。

(1)不同重建阶段所用的干预模式(见表7-1):

表7-1 不同重建阶段的干预模式

目标对象	冲击阶段	安置阶段	重建阶段	终结阶段
老人	个案小组	个案小组健康服务	个案小组参与	家访,压力与优势调查
身体残障者	个案小组	个案小组	个案小组	家访,压力与优势调查
妇女	个案小组	个案小组社会企业	个案小组支持网络	家访,压力与优势调查
儿童及青少年	个案小组	个案小组	个案小组正向心理教育	家访,压力与优势调查
整个社区	安抚活动	资源整合、凝聚	乐观活动,农业社会企业项目	正向心理健康教育

（2）服务内容。

第一阶段：哀伤辅导；运用个案、小组。

第二阶段：全人康复；正向心理学运用；社区康乐活动。

第三阶段：社区建设、让居民增权；强调社会资源，提高社区向上积极观念。

（3）服务形式。

- 个案：针对初期发现的创伤障碍个案进行长期跟进；评估个人及家庭需求；处理个人情绪、压力问题；家庭问题；就业等。
- 小组：针对不同的人群和社区需求，开展不同类型的发展性小组、培训小组、兴趣小组、义工培训小组、教育小组和互助支持小组等。
- 大型社区活动：丰富居民日常生活；增强其对社区的归属感；发展社区自助网络及社会资源。

（4）服务对象。

- 老人。根据本会震后在擂鼓社区的服务所见，老人数目占社区人口的20%。有些是孤老，老人如何适应重建

7. 灾后重建社会工作服务

后的新生活是值得被重视的课题，包括确保得到照顾和关爱、休闲生活的兴趣爱好发展等等。

- 儿童。因有不少孩子在地震中失去双亲或双亲在外工作，因此照顾孩子的重担自然而然地落在老人身上了。由于老人再次负起孩子教养的重担，隔代亲子教育以及儿童成长发展如何相互配合将是社工需要介入的地方。
- 青少年。学校新学期开始，特别是周末，中学的留校生达三四百人，但学生在学校除了学习及看电视，没有其他的娱乐，故需要在周末安排一些身心成长小组，同时于小学亦会配合班会课活动。
- 妇女。因田地在地震中受损，耕种工作亦可能出现困难，区内的就业机会变得缺乏。特别是妇女们，因她们缺乏技能和照顾家庭的需要而难以出外工作，故需要为她们寻找就业机会及提高工作能力。
- 残疾人士。社区有700多位伤残人士，其中大概100位因地震而导致伤残，但因区内重建阶段仍在进行，未能获得最新的咨询，故需要进行关爱探访，从而了解其切实需要。

- 志愿者。擂鼓社区较为偏远，社区资源较少。随着救灾的结束，大部分的机构或资源将逐步撤出北川，资源更加缺乏。积极推动擂鼓社区中的关爱文化，希望社区中的互助互爱能补偿资源缺乏带来的影响。

（5）服务计划。

针对以上人群需求，将开展以下计划：

- "爱满人间"义工计划：发展、培养社区义工，以妇女、青少年及壮年为主，协助关爱、探访社区内的弱势群体，尤其是长者及儿童。
- "常春藤"护老计划：协助地震中丧失家人的长者安享晚年。
- "向日葵"课余托管计划：协助于地震中丧失照顾者的孩童及留守儿童，辅助其成长。
- "伴我成长"青少年成长计划：协助青少年的身心健康成长及发展。
- "金盏花美好人生"自强计划：协助经济有困难的受灾群众，发展及拓展就业机会。

18 灾害社会工作者个人防护

8.1 个人防护装备

使用个人防护装备可降低不必要的风险，以策安全。每次前往灾区，应根据风险评估选择合适的个人防护装备。我们建议把装备分别存放在轻便随身防灾包和临时避难背包中。灾难发生后的灾区仍然存在发生次生灾害的风险，轻便随身防灾包需要存放最低限度的生活必需品（见表8-1、表8-2），在紧急避难时需要随身携带其逃生，因此防灾包需要时刻随身；临时避难背包是假设在灾区工作时可能会因某些情况导致个人需要独自避难时而提前准备的物资，一般预计准备3日左右的衣物。

图8-1　社工着户外装进入灾区

8. 灾害社会工作者个人防护

表8-1 轻便随身防灾包物品清单

□小瓶瓶装水	□丝巾（120厘米×50厘米）	□大方巾	□塑料袋或保鲜袋
□火柴/打火机	□纸巾	□便携餐具	□个人药物
□口罩/卫生用品	□缝纫用品	□剪刀	□糖果及后备食物
□文具	□身份证	□哨子/铃铛	□防水钱包
□备用现金	□手机	□眼镜	□LED小灯
□手术手套	□保温水瓶	□净水丸	□免洗搓手液
□毛巾	□盥洗用具	□毛毯/暖包	□雨衣/冲锋衣
□备用电池	□露营背包	□颗粒饮品	□洗衣液

注：如在灾难发生三个月后出队，灾区环境已有所恢复，卫生情况改善，则一些物品可酌情不带。

图8-2 轻便随身防灾包

表8-2　轻便随身防灾包物品说明

物　品	用途/备注
小瓶瓶装水	约250毫升，若装热水还能当作暖手宝使用
丝巾	防寒、遮阳都适用，也可以用来代替防灾头巾、绳子、包包、三角巾
大方巾	除了可作为口罩和绑带用，万一被玻璃等物品刺伤，也可以用来当止血带
塑料袋/保鲜袋	大、小尺寸都要准备，可当作氧气袋、雨衣、手套、装水的容器等多种用途
火柴/打火机	紧急照明、救生、取暖用
纸巾	用来擦汗，清理伤口
便携餐具	一有灾害，卫生状况也会跟着变差，必须自备餐具，包括小碗或盆子
个人药物	内服药如感冒药、止痛药、腹泻药、过敏性药、防中暑药物、高山症药物等
口罩/卫生用品	医用口罩可防止疾病传染，外伤医药如消毒纸巾、棉花、纱布、创伤膏、卫生巾
缝纫用品	旅馆提供的赠品最适宜，方便携带
剪刀	以轻巧、方便携带为佳

8. 灾害社会工作者个人防护

续表8-2

物　品	用途/备注
糖果及后备食物	避难时不可或缺的能量来源，如巧克力、能量条、得力素、压缩饼干，预存3天分量
文具	油性笔能书写在塑料袋和墙壁上，还可准备橡皮筋、便条纸备用
身份证	遇到危险时，身上至少要有可供确认身份的身份证、驾照、护照、健保卡、医疗卡等证件
哨子/铃铛	万一发不出声音，可以吹哨子或摇铃铛求救
防水钱包	钱包存放着很多重要的东西，必备随身携带
备用现金	方便紧急时购买东西或打电话
手机	手机不只用来联络，也是上网搜集信息的工具，需要时还能代替手电筒、照相机、笔记簿
眼镜	尤其是视力需要严重依赖眼镜辅助的朋友，眼镜是避难时的必需品，没有近视的可带太阳镜或夜视镜
LED小灯	体积较小，在停电时或黑暗的地方发挥莫大效用
手术手套	在灾区有时要协助受伤人士，手术手套轻便经消毒，也保护社工救护者

续表8-2

物品	用途/备注
保温水瓶	严寒天气时暖水比冷水对维持生命健康更有用
净水丸	灾区卫生环境普遍较差，使用净水丸保证能饮用干净水
免洗搓手液	没有水洗手的地方，消毒搓手液防止染病
毛巾	新毛巾吸水性较差，最好准备用过的毛巾。沿途可洗手洗脸，恢复精力，最好附有挂扣设计，便于挂在背包上沿途风干
盥洗用具	小罐装的试用品携带方便，可按个人需要准备
毛毯/暖包	质地轻薄为佳，需要时用绳子将毛毯裹住身体便可作保暖的睡袍/睡袋，抛弃式暖包可应付严寒，保鲜膜也能用
便携式收音机	灾害发生时，搜集信息很重要。最好是手摇发电式收音机，或是可以用手机充电的收音机
雨衣/冲锋衣	灾区天气多变，被雨淋湿时体温会跟着下降，容易消耗体力，雨衣必要时还可起保暖作用，防水的带帽冲锋衣更合适
备用电池	弄清楚手电筒、收音机、手机、相机等用品的电池尺寸，有备无患，但注意部分用品不能登机

8.灾害社会工作者个人防护

续表8-2

物 品	用途/备注
露营背包	灾区环境有时需要徒步登山涉水,故背包容量要大,肩带较厚会易于背负,不会影响双手的活动能力
颗粒饮品	在有热水的情况下,一杯咖啡、奶茶、川贝枇杷露、菊花精或其他饮料令人身心舒畅,非常重要
洗衣液	携带少量洗衣液或洗衣粉,可减少携带的衣物

灾区一般不能预测天气变化,下雨时亦无处躲避,有时会离住宿地点很远,所以穿衣需多层次,应付很热到很冷的天气,防水快干衣物较为方便。

一双可靠的鞋能防止意外摔倒或割伤。

图8-3 登山鞋

表8-3 所需衣物一览

物　品	用途及原则
帽子	在灾区经常需要野外活动，戴帽子除可遮太阳、防寒之外，也可以保护头发及头部，以轻薄通爽透气的材料为佳
排汗衣物	除了可作为口罩和绑带用，万一被玻璃等物品刺伤时，也可以用来当止血带
	由于灾区环境恶劣，或没有水源沐浴，或许多天不能更换衣服，需要准备柔软及快干的排汗内外衣物，它可直接排走汗湿，保持正常的体温
外套	1件保暖外套加1件防水风衣足以应付各种天气变化，以重量轻、体积少、容易携带为佳
长裤	长裤遮掩性较佳，可防日晒、虫咬及荆棘杂草等伤害，质料以毛织品为最佳，或准备尼龙混纺的裤类，起到保护及耐用的效果。短裤易使人晒伤或割伤，女生不宜穿裙子
袜子	穿袜子可起保温及保护作用。选择长筒及棉质袜子最佳。登山鞋内要穿袜子
登山鞋	因灾区道路崎岖，多泥泞，房屋倒塌，为保护足踝，鞋筒宜高过足踝，鞋底宜有深坑纹
头巾	可以当口罩避风沙，避免头发散乱，亦可围系头部保暖
手套	冬天在灾区活动必须准备手套保暖

8. 灾害社会工作者个人防护

8.2 工作/服务物资检查清单

除了个人用品外,队员还须协助携带团队的用品。工作/服务物资检查清单如表8-4所示。

表8-4 工作/服务物资检查清单

□地图	□指南针	□电话卡	□上网卡
□计算机	□相机	□相机电池	□储存卡
□记事本	□圆珠笔/箱头笔	□转换插头	□行程计划
□团队服	□工作证	□横幅	□介绍信
□机构介绍资料	□纸巾 (用于派发)	□小电筒 (用于派发)	□药油 (用于派发)
□糖果 (用于派发)	□图画纸/文具	□气球 (用于活动)	□小型音响 (用于活动)

8.3 个人心理预备

参加灾后支援服务计划不只是数小时的工作,而是连续多天的灾区服务工作。为使自己不至于因为心理负荷而变得需要人照顾,决定参与灾后支援前首先要问自己以下问题(见表8-5):

表8-5 参加灾难工作前自我评估表

问　　题	是	不是	不知道
时间许可（Availability）			
（1）我能为灾区救援暂时放下工作			
（2）机构会让我请假			
（3）我不计较我的假期			
（4）我的家庭支持我往灾区服务			
（5）我愿意为灾民付出时间	1～2星期	2～4星期	1个月以上
（6）我参加野外锻炼等活动			
能适应环境（Adaptability）			
（7）我不怕简陋又恶劣的居住环境			
（8）我不怕肮脏的个人卫生条件			
（9）我能和不同意见的人合作			
（10）我了解余震及灾难后的次生灾害			
（11）我能在短期缺水缺粮的条件下坚持			
（12）我能应付消耗体力的活动			

8. 灾害社会工作者个人防护

续表8-5

问 题	是	不是	不知道
警觉性（Awareness）			
（13）我敏感于自己心理的需要			
（14）我知道自己何时吃不消			
（15）当我情绪受困扰时，我会主动求助			
（16）我察觉到他人的心理需要			
（17）我会主动关心他人的情绪低落			
（18）我疲惫不堪时会停下来			
专注度（Attentiveness）			
（19）我能专注于他人的需要			
（20）我工作时不容易分心			
（21）我能完成任务			
（22）我的生活作息有规律			
（23）我的人际关系良好			
（24）我能专注地将所学用在灾民身上			

（1）在以上24个题目之中，20个或以上都回答"是"，你十分适合前往灾区。

（2）若你只有15～19个题目回答"是"，表示你内心希望前往灾区参与支援工作，可是有很多挣扎和未知因素有待解决。

（3）如果你回答"是"的数目不足15条，则暂时仍未作好心理准备前往灾区参与支援工作。如果你需要在灾难发生后短时间内前往灾区参与支援工作，你将会面对更大的挑战，我们建议你再审视一下自己是否符合以下17项标准：
1）珍惜生命且全心投入救灾工作。
2）具有真诚的性格，可信任并谨慎行事。
3）独立工作能力强。
4）对于周遭环境有控制感。
5）应变能力强，乐于承认无法控制的事。
6）弹性处理工作能力强，愿意将改变视为挑战。

8. 灾害社会工作者个人防护

7）有良好的沟通技巧，能够圆滑地处理冲突及了解团队运作的方式。

8）具有利他主义。

9）具有自发性和精力充沛。

10）具有自我觉察力、自我监察和处理自身压力的能力。

11）保持专注和适当回应的能力。

12）必须在困惑和常见的混乱环境中，仍能够运作良好。

13）必须能够"边走边想"，对解决问题有一种常识性、实际、有弹性的取向。

14）必须能适应不断改变的情境，在模糊的角色、权威性不清楚、最差的结构下，仍然可以运作。

15）把以上因素视为挑战，而非负担。

16）必须享受人群，而非缺乏信心；如果工作人员是害羞和害怕的，就会对建立联络网络造成阻碍。

17）必须坦然于任何社区环境中，开始与灾民、政府、宗教团体、社区网络同心同行。

8.4 领队须知

8.4.1 基本的注意事项

1. 小心计划行程和路线

出发前小心计划行程及了解行程路线，其中应包括中途撤走路线和交通安排。每次出队应由具备丰富救灾经验和了解计划路线的领队带领。如果救灾队伍人数众多，则需其他有相关经验者从旁协助，大约10名队员便应有一位助理领队。应避免团队内有太多人，以免领队难以照应。工作人员及义工切勿自行乱闯或绕路，以免迷途或发生意外。切勿逞强好胜，参加者必须清楚自身的体力和健康状况，量力而为。工作人员及义工切勿单独进行服务，以免缺乏照应。较理想的是2人或以上结队同行。

2. 注意天气情况，特别是当地天气情况

以中国为例，12月至2月气温急降引致暴寒，3月至4月易发大雾，5月至10月易有雷暴、大暴雨、水浸及泥石流。

8. 灾害社会工作者个人防护

3. 出发前提交的资料

负责带领救灾行动的领队，于出发前应将下列资料交给机构紧急救灾部后勤支援的同事：

（1）行动性质、行程及目的地。
（2）行动日期、行动举行时间及回程时间。
（3）参与人数及年龄。
（4）参与者姓名、参与者家人之联络电话及地址。

4. 了解团队和个人能力

领队出发前先评估团队的能力及各项物资的准备情况，而且具备较高的敏感度及安全意识，以便尽量降低问题或意外发生的可能性。义工应考虑自己的身体及精神情况是否适合参与此项活动，尤其是第一次参与灾后支援服务的行动者。注意活动是否有高原反应、服务经验或其他限制，以便提醒义工。提醒义工在行动开始前必须做足心理准备，带齐个人所需药品。

8.4.2　行动中注意事项

1. 沿途注意事项

沿途注意路上概况，确保行程路线正确。注意参加者的身体状况，发觉其有倦怠时，应让全队适当休息，以免首尾脱节，难以照应。确保无人落后或离群。如遇紧急事故或天气突变而未能依时回程，应设法通知机构后勤支援同事。切勿随便更改已定的路线。如团队需在高原山区活动，领队应具备较高敏感度及安全意识，熟悉相关的安全守则及须知，以提醒队员遵守。

2. 确保交通安全

领队于旅游车上必须留意司机是否安全驾驶，如车速超过安全指标，必须实时作出劝诫。当旅游车于高速公路上行驶时，领队更应提醒队员必须扣上安全带。

3. 注意饮食

在行程中，小心饮食，以避免因水土不服引起不适或染上传染病。

8. 灾害社会工作者个人防护

4. 提醒队员小心财物

（1）于简介会时建议队员在所有贵重物品上写上自己的姓名及家庭的住址。

（2）在交通转驳及离开酒店前必须提醒队员复查自己的物品是否带齐。

（3）提醒队员重要证件和旅行支票不能放在大件行李中，必须随身携带。

（4）告知队员当地治安情况。

（5）提醒队友在自由支配时间外出时，必须取得当地入住酒店地址，以备不时之需。

（6）提醒队友将旅游证件号码、出发日期及所有信用卡号码抄下，以便在遗失时，能立即报失，以及将办理手续的时间缩短。

（7）在酒店大堂和用膳的地方，尤其注意保管个人财物。

（8）离开旅游车时，领队必须提醒队友贵重物件随身携带。

8.5　常见自然灾难避难知识

8.5.1　地震

1. 地震来临时

（1）迅速躲到安全的地方。一旦发生地震，在平房或一楼的要尽量保护头部，冲出房屋到空旷地带。如果来不及，就在坚硬家具下伏而待定，再伺机转移。在高楼的要遵循就近躲避的原则，保护头部，就近躲避到床、桌下等安全角或厨房、洗衣间、储藏室等小房间内，千万不要跳楼，待强震过后有序撤离，从高楼撤离时应走安全通道，千万不要坐电梯。

（2）蜷缩身子，护住头部。若是一时之间无法移动到安全的地方，可以先拿垫子等东西护住头部，然后蜷缩身子，等待地震平息。若是在厨房附近，可以拿锅护头；若是在超市购物，可以用购物篮护头，总之，利用身边的东西护住头部就对了。要是身边没有这些东西，就双手交抱护住头部，减少头部被砸伤的危险。

8. 灾害社会工作者个人防护

图8-4 地震后的断壁残垣

（3）站在中央更危险。若地震来临时，刚好在商场等比较宽敞的空间，一般人认为站在没有东西倒下来的中央比较安全，其实不然。天花板、照明设备等再怎么耐震，内装建材也不见得坚固。要避免被倒塌的棚架砸到，还是躲到柜台、墙边或柱子附近比较安全，并注意避开玻璃门窗、货架、悬挂的广告牌和吊灯等。

（4）在野外怎样避震。在野外遇到地震时，要避开山崩、滑坡、泥石流等次生灾害。若山体为岩石，有可能产生山崩和滚石，此时躲避要沿着与岩石滚动相垂直的方向跑，切不可顺着滚石方向往山下跑；也可躲在结实的障碍物下，或蹲在地沟、坎下，特别要保护好头部。若山体为沙土，则易发生滑坡，此时应尽量躲开陡峭山体或沟谷之处，向地势平缓处转移。

2. 地震摇晃结束后

（1）确认身旁小孩是否平安。待摇晃停止之后，先确认身旁小孩是否平安。因为小孩一害怕就会急着找大人，有可能因此而受伤，所以先大声告诉他们："乖乖待在原地，不要走动！"然后迅速朝他们移动。地震过后，东西难免四散掉落，移动时要注意地上杂物或碎片，避免双脚受伤。

（2）切记不要马上回屋里拿东西。若震度强烈到连站都站不稳时，建议先确认屋外是否安全，再往屋外逃，切记不要马上回屋里拿东西。因为即使主震没有震毁建筑物，随之而来的余震也可能导致建筑物倾毁。调查发现，地震导致建筑物全毁的原因，一半是因为主震，一半是因为余震。

8. 灾害社会工作者个人防护

8.5.2 地震后次生灾害

1. 火灾

遇上火灾，首先要用湿毛巾捂住口鼻，以防止浓烟的熏呛。一时弄不到湿毛巾的，可用浸湿的衣物等代替。如果火势较大，环境温度很高，可用水淋湿衣服或用淋湿的棉被裹住身体隔热，并向逆风方向逃离现场。一旦身上起火，可以在地上打滚来灭火。

2. 余震

也许有人认为余震就是比主震小一些的地震，没什么破坏力，但高达九级的强震，之后甚至会出现高达七级至八级的余震。由于在主震时，建筑物已经受到一定程度的破坏，若再发生余震，就有可能令原本受破坏的建筑物倾毁，这点一定要注意。

3. 泥石流

山区极有可能因为地震引发泥石流，尤其是地震前后有降雨时，发生的几率非常高。而且，不只是主震，余震也有可能引发泥石流。若身处泥石流警戒区，即使建筑物没有损毁，也最好暂时离开避难。

4. 土壤液化

位于河川、海洋、蓄水池附近等地下水位比较高的地方，或是填海造地的地区，容易因为地震而引发"土壤液化"现象。不但建筑物变得摇摇欲坠，地面也会变得凹凸不平，这时一定要保持镇定，迅速避难到安全地方。土壤液化现象也会影响水、电、管道气的正常供应，影响日常生活。

5. 水电供应中断

最起码的影响是水电系统遭受破坏，水电煤气等供应中断，道路系统崩塌，山泥倾泻，交通中断，电子通信系统也受影响。

8.5.3 海啸

1. 海底一旦发生地震，肯定会伴随海啸

若地震持续摇晃超过一分钟，就要提高警觉，不然等海啸警报发布之后再逃，有可能就来不及了。这时应立即逃往指定避难所，或速往三楼以上的大楼或高度十米以上的高处避难。

8. 灾害社会工作者个人防护

图8-5　风灾后的情景

2. 不能以观察大海状况来作判断

也许有人认为："海啸来临前，一定会退潮"，其实这是错误观念。海啸来临之前，不但不会退潮，反而会涨潮。要是以为没有退潮，就不会有海啸发生，只会害自己丢命。更何况跑去海边观察情况，是最危险的行为。

3. 海啸警报解除前，不能返回低洼地区

海啸会反复来袭，不是只有第一波最大，第二、第三波可能会越来越大，所以至少必须避难6小时。避难警报解除之前，绝对不能贸然返回住处或低洼地区。

4. 地震强度不大，也可能发生海啸

虽然因为震中远，感觉不到什么摇晃，但海啸还是有可能来袭，此现象称为远处海啸。譬如1960年的智利地震，明明是在地球另一边发生的地震，日本这边却海啸来袭，造成不少人罹难。

8.6 安全守则

除了针对灾难的避难知识，一些基本的安全指引和紧急事故应变措施可帮助参与救灾人士减少意外的发生，保障生命安全。请谨记，本资料只供参考。计划行程时，应同时以当地的实际环境作出应变措施。如有任何意外发生，应尽快求助。本指引应与发生自然灾害当地政府所发出的灾难控制指引建议一并阅读。

8. 灾害社会工作者个人防护

8.6.1 救灾行动中有可能遇到的危险

斜滑山径、山洪暴发、泥石流、中暑、暴寒、蛇咬、蜂蜇、危险植物、蚊叮、高山反应等，都是救灾行动中较有可能遇到的危险。建议参与灾后支援服务前应先对这些危险的安全指引和应变措施有基本的认识，详情可参考香港《渔农自然护理署的郊野公园远足安全指引》（http://www.afcd.gov.hk/tc_chi/country/cou_wha/cou_wha_whe_sat.html）。

8.6.2 求救须知

遇有队友或任何人士在灾区严重受伤时，除应立即施行急救外，在可能情况下，应安排一名同行人员陪伴及照料伤者，另外两人结伴求救。为免延误救援工作，前往求救人员应将意外详情用纸笔记录，降低求救者因紧张、迷途受困，或口头传讯含糊不清致使求救讯息不能准确地传达，建议尽量提供下列资料：

（1）意外性质／肇事原因。
（2）肇事时间／地点。
（3）附近地形或特别景物。

（4）伤者资料，包括姓名、年龄、性别、电话、地址。
（5）伤势。
（6）已施行之急救。
（7）天气情况。
（8）同行者情况/动向。
（9）其他事项。

8.6.3　国际山难求救讯号

在一分钟内，连续发出6次长讯号，停顿一分钟后，重复同样讯号，不要中断直至有救援人员到达为止。即使已被救援人员从远处发现，也要继续发出讯号，使救援人员知道求救者之正确位置。

发出讯号的方法：
（1）吹哨子。
（2）用镜子或金属片反射阳光。
（3）夜间用电筒发出闪光。
（4）挥动颜色鲜艳明亮的衣物。

8.6.4　SOS求救讯号

在可能的情况下，在平坦的空地上用石块或树枝堆砌SOS大写字母（每个字母最少6米×6米）。或用任何方法，发出三长、三短、三长的讯号。

8. 灾害社会工作者个人防护

表8-6 有用联络及资源（以香港出发的"心灵天使"为例）

联　络　资　源	详　情
国际求救电话。绝大多数使用GSM手机网络的系统，发生紧急情况时，只要在手机有电力的状况下，就算手机讯号微弱，或者手机没有插入移动电话卡或被锁定，仍可免费直拨求救讯号	欧盟国家：112 美国、加拿大：911 中国、日本、中国台湾：110或119 英联邦国家、中国香港、中国澳门：999
每个国家及城市直拨香港之电话：离开香港前致电"电讯盈科"客户中心查询10010或预先向"电讯盈科"客户中心或服务站索取《全球通电话卡使用指南》	于中国致电：108+852（网通）/ 2852（中国电信） 于泰国致电：001 999 852 1086 于中国台湾致电：0080 1852 0111
入境事务处协助在外香港居民小组	24小时热线：+852 1868
香港驻北京办事处	电话：+ 86 10 6657 2880 内线 032
香港驻粤（广州）经济贸易办事处	电话：+ 86 20 3891 1220 内线 608
香港驻成都经济贸易办事处	电话：+ 86 28 8676 8301 内线 330
中国境外领事保护和服务查询	http://www.fmprc.gov.cn/mfa_chn/wjb_602314/zwjg_603776/

无国界社工出队，必然会安排一些后援人员，队员只需联系总部，要求支援。队员到达灾区，须取得当地救援组织的紧急联系方式。

8.7 救灾人员的自救锦囊

8.7.1 保护好自己

从一个相对稳定、安全的环境，走进灾难过后、人心未稳的灾区，若非有无比的勇气及爱心，相信很难成事。今天阅读手册的你，相信已为未来的救灾工作做了万全的准备。但无论如何，亦希望你继续读下去，因为下文会为你提供一些锦囊，以优化你的服务，并让你保持身心健康，以持续服务受灾人士。

8.7.2 关注自身健康

会走进灾区的人很多，经验告诉我们，拥有心理救援知识的专业人员占多数，如心理专业的执业人员、社工及相关专业学生等；其次，还有灾区和就近地区的政府工作人员及军事人员；当然，还有很多志愿者会走进灾区，在不同层面提供救灾服务。然而，救援人员本身可能对灾后反应十分了解，但并没有任何机关规定进入灾区的人士需要拥有超人般的毅力，以及优于常人的承受能力（体能上、心灵上以及面

8. 灾害社会工作者个人防护

对突发事件的情况下）。其实，每天在灾区忙忙碌碌进行救援工作、与灾民直接互动的救援人员，偏偏是最少主动就自己的压力及情绪需求进行求助的。

一般来说，救援人员及灾民的生理及心灵需要是一样的，大家都需要吃喝玩乐休息，面对灾难事件也都会感到伤神。但救援人员容易因为自己是施救者而压抑或否定自己的需求。根据马斯洛的需求层次理论（Hierarchy of Need），自基本需要起至自我实现止的五种需要是人皆有之的，正所谓衣食足而知荣辱，唯有解决了最基本的衣食住行需求，灾后的情绪需求才会渐渐变得明显。（Maslow，1943）

借用急救的DR.ABC原则，任何救援人员到达灾难现场都需要进行现场评估，直至确认现场环境安全后，才开始进行施救。例如，消防员若认为山边木屋附近的斜坡有泥石流的危险，是不会容许消防员冒险施救的。原因很简单，避免施救者最后变成待救者，从而增加救灾的负担；以及希望确保消防员在充足的时间及稳定的环境下提供优质的救援服务。就灾区的救援人员而言，安全的环境、充足的食水、休息的场所、足够的救援物资等等，都是最优先需要确保的充要条件，以保障救援人员可以持续提供优质的服务。

因为救援人员正身处救灾的前线，每天繁重的救灾工作在不断增加救援人员的压力。中国文化的教导强调对情绪的忍耐，他们很少直接面对、处理自我情绪方面的需求，然而不断累积的压力及情绪需求，往往会以"疲倦""工作效能下降"等形式出现。如果继续无视，则会发展成工作倦怠或者二次灾难伤害，救援人员的施救效能大幅降低，甚至可能需要退出救援工作并出现创伤障碍症状。

因此，为未出发前往灾区的人员提供简介会，为救援人员提供充足的设备，建立稳定而安全的工作点，制定合理的工作/休息时间表，定期评估救缓人员的压力及情绪需要，以及实施压力解说会（Debriefing）及简化解说会（Defusing）都十分重要。（Ehrenreich, 2001）

8. 灾害社会工作者个人防护

8.7.3 如何保持心理健康

1. 为前往灾区人员提供简介会（Orientation）

简介的内容越贴近实际情况，他们越不容易感到无力及沮丧。因此，特别值得在简介阶段向前往灾区的人员提供认识灾后心理反应、了解情绪需要的知识及评估方法，让其对压力与工作倦怠有一定认识，以及掌握在有需要时如何寻求支援。

在培训阶段，教导救灾人员简单的压力管理技巧亦十分重要。包括可以控制的情感投入、放松技巧、如何在灾区保持足够饮食及休息、如何建立并善用定期的压力解说会，以及正式或非正式的沟通（Formal/Informal Conversation）。

2. 了解灾区，量力而为

欲前往灾区的人士了解到灾难的基本资料后，亦应评估自己是否能应付，需要量力而为。例如，灾区在海拔5000米以上时，一般在平原生活的人士均会出现程度不一的高原反应，轻则头晕、头痛、呕吐，重则出现幻觉、脑水肿、肺积水。没有前往高海拔地区的经验者应仔细评估并考虑是否前往，或事前征询医生意见以准备相关药物及医疗设备以供不时之需。

3. 认识灾后心理

灾后心理反应相关知识在上文已有提及。然而，在实际执行时，救援人员应了解及尊重不同灾民会有自己的调整节奏，当有人处于惊惶失措的阶段时，有人可能已处于哀悼的阶段；有人对天灾频发感到愤怒时，有人已能积极地参与灾后重建的工作。所以，救灾人员需要尊重不同人士的步调，无条件地接纳其出现的情绪反应并注意保密原则。人为介入建立良好的平台，通过治疗关系的确立，促进灾民的复原，尤其应注意女性、儿童、老人等相对弱势群体。对于曾进入集中营或接受过酷刑的人士以及救援人员等，可能有与一般灾民不同的心理需要。

8. 灾害社会工作者个人防护

图8-6　社工家访中与灾民建立信任的关系

4. 注意个人情绪需求

灾后出现暂时的情感麻木、哭泣、恐惧等均为正常现像，应与抑郁症或创伤障碍等重性精神疾病予以区分。评估时留意灾民的精神病史、评估症状何时开始出现及其发生频率，并了解灾民是否觉得相关症状对自己及其生活造成严重影响，这些都是区分一般灾后反应和重度精神疾病的关键。

另一个有效评估情绪需求的方法，是通过已建立的问卷进行筛选。

5. 工作倦怠（Burnout）

中国的文化较西方而言，较少谈及自我情绪，亦较少表达自己正处于什么样的情绪状态或有何需求，更不用说针对自己的需要去寻求帮助。对救援人员来说，因身兼重任，自我察觉情绪、针对情绪困扰寻求救助的情况就更少了。然而，我们的身体比思想聪明，被无视或压抑的压力会化成疲倦或病症的形式发出警告。如果一个人出现莫名的疲倦，无论如何休息仍旧感到无力，或者莫名地出现头痛、胃痛、肌肉疼痛等，可能其本身正经历着巨大的压力刺激。

拥有一套监察及评估救灾人员情绪需要的方法，对减轻他们因为工作倦怠而出现影响其工作的表现具有重大的意义，此举亦可保护他们免于承受过量的压力。

如发现救灾人员出现急性情绪需要，适时的介入是十分重要的。密切留意救灾人员，提供非正式的解压渠道，以及提供定时的督导面谈均十分重要。为未出现急性情绪需要的救灾人员提供休息及喘息的空间，也可减轻其过量受压的机

8. 灾害社会工作者个人防护

会。短暂的休息同样有效。如果救灾人员认为应对，不需要急于将休假的同事调往灾区。

6. 放松技巧

如未能抽出时间做运动、睡觉或者离开服务点作长时间休息，以下建议亦可帮救灾人员稍稍放松紧绷的大脑：

（1）渐进式肌肉放松练习。可张开眼或合眼进行，依次序由头至脚放松不同部分的肌肉，每次一组。如未掌握何谓放松，可先绷紧手，当不用力时，就是放松状态了。如有需要，可一边放松，一边想象被光或温暖的感觉覆盖，以强化效果。整套练下来，约10～15分钟。

（2）呼吸练习。合眼进行，将注意力放在呼吸上，吸气时感觉腹部微微胀起，呼气时身体变得柔软，重复8～10次，便会感到身心舒畅多了，约2～3分钟。

（3）和谐意境练习。合眼进行，想象自己去到一个可以让自己身心放松的地方（上次旅行的情境、高山、大川、森林均可），留意意象中看到什么、听到什么、感觉到什么。然后，在一个舒服的平地躺下，感受柔和的阳光、微风轻

图8-7 简易八段锦招式介绍

引自http://image.baidu.com/search/wiseala?tn=wiseala&ie=utf8&from=ala&fmpage=search&pos=rsbottom&fm=rs5&samplekey=FDS_RP_WISEINDEX%3A1%2CUI_SLIDER_OPTI%3A0%2CUI_NEW_FC_III%3A1%2CUI_YUNYING_11%3A1%2CUI_YUNYING_13%3A1%2CUI_YUNYING_21%3A0%2CUI_YUNYING_31%3A1%2CUI_WISE_RES_SPEED%3A1%2C&word=%E5%85%AB%E6%AE%B5%E9%94%A6%E5%8A%A8%E7%94%BB&oriquery=%E5%85%AB%E6%AE%B5%E9%94%A6%E5%8A%9F%E6%B3%95%E5%9B%BE%E8%A7%A3&pn=11&spn=0&gsm=96&simid=0,0&u=853026532&objurl=http%3A%2F%2Fs16.sinaimg.cn%2Fmw690%2F001DyMiKgy6Vp3aWV0X4f%26690&os=2604294005,2706852656&pi=0

8. 灾害社会工作者个人防护

拂，好好休息约30分钟。部分受灾者或曾被埋，对合眼、黑暗、想象等会出现抗拒，可选用睁眼的方法。

（4）专念（Mindfullness）。可睁眼或合眼进行。将集中力放在身体上，如左边的大腿，逐寸逐寸感觉大腿的肌肉；或者想象左手握着一颗小球，让小球跳动起来，然后由左手跳往右手，并在左右手间不断跳跃。

（5）八段锦或坐式八段锦对舒展身心均有莫大裨益，值得学习及操练，一套约需时30分钟。

7. 控制情感投入

个案工作是一个动态的过程，在建立良性的治疗关系时，辅导员与受辅导者不可避免地会进行大量的情感互动。开展灾后辅导时，由于灾难可能才发生不久，或者受灾者承受了巨大的情绪刺激，辅导过程中，双方的情绪互动就会越来越强烈。此时，辅导员应谨记时刻留意自己的情绪投入，并以受控制的情感投入为目标，为受灾人士建构具有治疗性的辅导关系。

辅导员应明白，如果辅导员把自己的经历投射到受辅导者身上，会失去对事件的客观态度，即使继续进行辅导，亦难以为受辅导者提供理性分析以及充分评估，最终对灾民的成长并没有好处。另外，失去客观性的辅导员亦容易在辅导中迷失方向，最后演变成被受辅导者牵着走的局面。

因此，时常审视自己的情感投入程度，避免将自己的想法及经历投射到受辅导者身上，是非常重要的。当然，善用督导关系处理辅导过程中产生的情绪纠结，并为治疗计划进行规划及控制亦非常有效，值得善用。

8. 进行压力解说会

为社工而设的解说活动主要针对社工在灾区所经历的事件，进行经验的总结，以及情感的排解，其目的通常指向萃取经验，并指导下次进行类似活动时该如何改善。一次有意义的解说活动通常会处理4个面向的议题，简称为"4F"（Ehrenreich，2001）。

（1）事实（Fact），处理的是经验面向的事宜，通过描述观察所得的信息以及自己的经历，让参与解说者更全面地了解事件的本质。

（2）感觉（Feeling），处理的是情感层面的事宜，通常通过分享伴随事件发生而出现的情感反应，亦为大家进行深度连接的部分。

8. 灾害社会工作者个人防护

(3) 发现（Finding），即在大家被允许表达所经历的事实及感觉后，通过反省而归纳出的经验，通常情况下，发现具有优化现有的计划及步骤的效果。

(4) 后续计划（Future Application），容许大家思考发现对自己乃至对计划的意义，并模拟如何将建议化为行动。

在灾区工作时，救灾人员很容易因为繁重的工作而忘记了对经验进行总结，以至于没有时间检讨现在进行的计划是否存在优化空间。然而，一个不断优化的计划，可以更有效地执行，并服务更多的受灾人士。另外，人员间的分享亦对建立团队精神、分担精神压力、分享灾区讯息等起着关键作用。最佳的解说时间，应最少定为每星期一次，如能每天都以简短的解说作总结，效果更佳。

9. 简化解说会（Defusing）

如发现前线社工出现急性情绪需要，适时的介入是十分重要的。密切留意前线社工，提供非正式的解压渠道和定时的督导面谈十分重要。为未出现急性情绪需要的社工提供休息及喘息的空间均可减轻其过量受压的机会。简短的休息同样有效，如果前线社工认为适合，不需要将休班的前线社工迁移到灾区以外的地方（Ehrenreich, 2001）。

10. 总结大会（Termination Debriefing）

为救灾人员离开灾区前进行的总结大会均值得重视，并且应该被视为整个心灵介入计划中一个恒常的部分。即将离开灾区的救灾人员应了解可能出现的压力及情绪反应，并知道如果有需要，可以如何获得帮助。这将会是总结大会的一个核心讯息。

8.7.4　总结

发生灾难事件后，会来到灾区进行救援的人士，想必都是充满使命感的。然而，在施以援手的同时，亦应谨记自己在本质上与受灾人士没有两样，大家都会因为突然而来的事件而出现情绪反应，大家都会因为认识的人出现意外而感到忧伤。所以，要时刻保持警觉，在留意自身安全的同时，关注自己的作息及情绪需要。在灾区进行人道工作时并不孤独，希望本锦囊能为你的身心健康带来一点提醒，共勉之。

附录

无国界社工介绍及灾难课程

无国界社工是灾后人道关爱组织，现时在大中华地区特别是中国内地及东南亚地区工作，致力为灾后居民提供心灵重建及发展社会工作项目。我们不分政治、种族、宗教或国籍，以专业社工人员为主，秉持爱心无国界的信念，提供专业志愿服务，为处于灾难或困境的家庭及个人提供情绪、精神健康支持及心灵重建服务。慈善团体注册编号 91/7993。

1. 缘起

2004年12月26日，南亚发生惊天海啸，这次天灾强烈地震撼了地球上每一个人的心灵。作为社工，除了给予经济支持，自己还可以多做一步吗？我们希望亲身在当地提供专业社工服务。所以，一班有志于此的社工马上组成"无国界社工"，于2005年1月6日派出五位社工及一位教师，肩负"无国界社工"的使命，远赴泰国，为当地有需要的灾民提供专业服务和传达我们的关怀。经过一年的服务和努力，我们于2006年2月2日成为注册免税慈善团体。

2. 我们的愿景

我们希望成为灾后人道关爱（救援）工作中有贡献的一员。

附 录

3. 我们的使命
以社工专业协助（灾难中的）人们重建心灵。

4. 我们的核心价值
我们相信人有内在的潜能、社区有无限的资源，可以发掘和运用。

5. 我们的口号
因为有爱，所以燃起了信心；
因为行动，所以绽放出希望。

6. 我们的原则
尊重、平等、同行。

7. 我们的经验
近年内地自然灾害发生频率高，造成的损失大。此外，城市地区各种危机事件也不断发生。在近年的救灾经验中，社工角色在灾害中起着越来越重要的作用。国际上，在2007年就提出社工在灾害中的角色。在灾前，社工的角色包括组织和参与社区防灾计划和管理委员会以及规划和制定应灾干预措施，尤其重点关注最容易受到灾难影响的弱势群体。灾后的工作包括进行灾后第一时间的团队建设与社区协调、管理境内流离失所的社区居民和灾民，并协助其重返正常社会，以及从事基层社会发展及重建社区和社交网络。无国界社工在内地多地成立了社工机构，致力于促进内地社会工作专业和服务的发展，广州市仁怀社会工作服务中心就是其中之一。无国界社工在灾难社会工作服务方面亦有多年的实践经验，并得到各界认同，且具有一定优势：

（1）无国界社工得到内地的信任和媒体的认同。我们倡议的临终关怀项目得到2008年度中华慈善奖最具影响力提名奖。

（2）无国界社工得到国际危机/灾难专业机构的认可，2015年获得美国国际危机事件压力基金会（ICISF）颁发的国际危机回应领袖机构奖（ICISF International Crisis Response Leadership Award for 2015）；董事黄匡忠教授获得国际危机回应领袖个人奖（ICISF International Crisis Response Leadership Award for 2015）。

（3）无国界社工拥有经验丰富的社工人才，无论是一线的服务或是灾后救援。本会现有中国香港注册社工会员五百多名，来自不同服务领域和全港各福利机构。同时在中国澳门、中国台湾、新加坡及美国，我们都有熟悉的网络和联系。

（4）无国界社工具有培训内地社工的经验，由2007年开始为湖北地区高校提供培训，2008年为全国首批社工提供上岗前训练，近年的培训地点包括四川、重庆、青海、甘肃、云南、湖北、江苏、上海、北京、天津、黑龙江等地。

（5）无国界社工是香港首间以社工专业义务参与救灾工作的团体，具有特大灾难支持的经验，脚步遍布各个灾区。

（6）无国界社工曾参与的灾难专业救援行动包括：

自然灾害：

2004年 印度洋海啸

2008年 四川汶川地震

2009年 台湾风灾

2010年 云南盈江地震

2010年 青海玉树地震

2012年 重庆水灾

2013年 四川雅安地震

2013年 浙江余姚水灾

2014年 云南鲁甸地震

城市灾难：

2010年 上海静安寺火灾

2014年 台南高雄爆炸

2014年 云南昆明火车站事件

2015年 深圳光明滑坡事件

2015年 天津爆炸事件

灾难中长期服务：

2008—2012年　四川省汶川地震擂鼓镇社区服务处；
2009—2016年　四川省都江堰友爱学校—友爱集善之家
2009—2014年　四川省八一康复医院—展能资源中心
2010—2011年　青海玉树地震社工工作站
2010—2011年　云南盈江地震社工工作站
2013—2014年　四川雅安地震灾后支援计划
2014—2015年　云南鲁甸地震灾后支援计划
2015年至今　天津医科大学总医院医务社工站

8. 我们的师资

a. 励娜　香港无国界社工行政总裁，香港注册社工，社会工作硕士，香港特区政府劳工及福利局康复委员会教育宣传小组委员，深圳市妇联执委，曾获得中华慈善奖、最具个人爱心奖（2012）以及中国社工协会中国十大社工人物（2011）。2004年创立香港社会福利服务从业人员协会及无国界社工。以开拓香港与内地社会福利人才资源的交流及培训为己任，积极推动内地社工人才发展和建立本土化社会服务模式。一直从事基层弱势社群工作，曾提供新到港人士服务、老人服务、家庭服务等。近年参与机构管治、灾后救援及支援内地社工人才队伍建设。

b. 陈万联应　香港无国界社工会长（义务），毕业于香港城市大学及香港中文大学。曾任香港社会福利服务从业员协会内务副会长，第二十一届香港社会工作学生联会干事会出版秘书，香港城市大学学生会第十三届应用社会科学系系会干事会外务秘书，2005年至今任无国界社工会长。专注于儿童事务、教育、长者事务、环境问题、劳工事务、社会福利、青年事务等领域。

  c. 苏文欣 香港无国界社工董事（义务），香港理工大学、香港管理学会管理学文凭，香港大学社会工作硕士，香港中文大学社会科学学士。曾任香港城市大学、香港浸会大学社会工作实习导师，香港国际社会服务社服务总监，自由党总干事，香港基督教女青年会发展干事，加拿大多伦多耆老会协调主任，现任澳门理工学院社会工作课程副教授。

  d. 陈国安 香港无国界社工董事（义务），香港注册社工，拥有20多年前线社工及管理经验。曾获社会工作文凭、社会工作学士、社会工作深造文凭(社会服务行政)、社会工作深造文凭(老年学)、社会工作文学硕士。于香港专业进修学校任社工课程顾问，并担任广州社工协会义务督导。

  e. 黄匡忠 香港无国界社工董事（义务），加拿大布鲁克大学社会学学士，香港中文大学社会工作硕士。从事青年工作、家庭生活教育、社区工作、学校社会工作多年。富有行政经验，多年管理教育、医疗、社会事业单位，担任政府、非政府组织及商界企业的管理职务。致力于推动教育改革，提供社会福利事业咨商、情商及领袖才能培训。研究项目包括服务学习、工业社会服务及正向心理学。担任"亚太地区社会工作"、"灾难社会工作案例分析"首席研究员。现于北京师范大学-香港浸会大学联合国际学院任教社会学、社会服务管理等科目。

f. 冯转屏　香港无国界社工董事（义务），资深义工，香港注册社工，无国界社工紧急灾难回应委员会主席，拥有20多年一线社工经验。自2008年汶川地震以来，多次参与灾难紧急评估及灾后支援服务。对于国内外社工灾难援助有丰富的经验。

g. 杨伟坤　无国界社工资深导师，香港注册社工，拥有24年社工经验。心理卫生会澳洲墨尔本大学精神科学系研究中心精神健康急救课程（成人及青少年）课程认证导师；身心语言程序学执行师，擅长社会工作培训、危机处理训练、精神健康训练等；服务领域涉及家庭服务、儿童及青少年服务、外展服务、院舍服务、学校服务、地区参与、项目管理及机构管治等。自1998年起参与内地社会工作服务，积极推动香港和内地社会工作交流及培训工作。

h. 江紫红　曾任香港无国界社工服务主任，毕业于香港中文大学社工系，于内地从事灾难社会工作接近4年，曾统筹多个灾害社会工作项目，例如5·12汶川地震后社区重建项目、四川省八一康复中心5·12伤员医务社工项目、都江堰友爱学校残健共融学校社工项目、4·20芦山地震灾后心灵重建

附 录

工作、2013年菲律宾风灾后心灵重建工作等等，亦曾参与众多紧急灾难支援活动。

　　i. 周甜　香港无国界社工统筹主任。香港浸会大学社会工作与社会行政学士学位、香港理工大学社会政策与社会发展硕士学位，其研究领域包括社会政策、灾害管理、NGO发展、灾难社会工作、危机介入、社会工作培训，曾负责8·03鲁甸灾后社会工作支援项目，曾参与四川雅安地震灾后支援项目；四川汶川地震相关社会工作（驻校、医院康复）项目；菲律宾风灾灾后支援计划。有丰富的社会工作培训经验，例如，灾害社会工作阶段性培训（重庆、哈尔滨），昆明3·01事件社工紧急介入培训，昆山工厂爆炸事件社工紧急介入培训，重庆渝东北水灾社工评估、紧急介入培训。

9. 我们的课程——灾难社工实务课程

　　内地近几年大力发展社会工作，实务方面有待进一步提升，依托的力量一部分来自港澳地区的支持。无国界社工从2004年开始以社工专业介入灾难救援工作，针对灾害情况开展多元培训，未雨绸缪，薪火相传。下列课程为综合参考，我们亦可根据不同灾难不同地点有针对性地设计相关课程。

　　（1）课程宗旨：弘扬社会工作助人自助的精神以及关怀社会弱势群体，培育灾害社会工作相关人才；通过持续教育，为我国培育新型社会工作人才，并为当地社会发展作出贡献。

（2）课程目标：通过定期举办灾害社会工作高端课程，促进社会工作者交流，拓展社会工作者知识领域并进行经验分享，培育高素质的社会工作专业人才；培育具备研究能力和创新能力，并且具备国际视野的社会工作高端人才；为培训者提供处于时代前沿的训练课程，研究如何运用社会创新、社会政策和建立社会服务体系，为社会大众和弱势群体解决问题。

（3）课程模式：

培训模式：社会工作者在职持续教育。

培训对象：社会工作本科学历水平以上的社会工作师、督导、社工机构管理者等社会工作中高级人才。

培训级别：培训课程分初级、中级及高级三个级别。初级课程为培养前线同工支援灾区救援，中级课程为培养灾害评估员及灾民中心管理人员，高级课程为培养地区性灾害反应组织者及防灾避灾管理者。

（4）课程时间：具体培训时间经双方商议后决定。

（5）课程内容：本培训针对不同培训对象分初级、中级及高级培训课程，每节课为2小时，预计培训约50人，根据课程内容及课时数安排相应数目讲者，每次课程预计安排两名工作人员。

附 录

表1 初级课程：灾后情绪支援与社区关怀课程（3天）

节数	课时	课程主题
1	2小时	灾害的性质
2	2小时	灾后心理反应与阶段
3	2小时	灾后的心理抚慰，不同对象的工作方法
4	2小时	灾后创伤反应的发生与预防
5	2小时	社会工作方法的应用：个案、小组、社区工作、家访
6	2小时	ACT社会工作介入理论
7	2小时	义工的任用及培训
8	2小时	身心灵工作介入手法
9	2小时	积极心理学与灾后介入
10	2小时	社会企业与灾后社区康复
11	2小时	优势视角与灾后社会工作
12	2小时	如何自我准备防止倦怠

表2　中级课程：灾后评估与安置课程（2天）

节数	课时	课程主题
1	2小时	灾后文化与社会影响评估
2	2小时	灾后心理评估量表
3	2小时	重大事件解说会的程序
4	2小时	灾民中心管理与赋权
5	2小时	灾后社会服务需求评估与策划
6	2小时	医护人员灾后应急程序
7	2小时	救护人员的灾后应急程序
8	2小时	灾后致残灾民的康复和跟进

表3　高级课程：灾变管理与系统工程课程（1天）

节数	课时	课程主题
1	2小时	各国灾变系统的设计与比较
2	2小时	基金会及社会组织在灾变管理中的角色
3	2小时	灾难应变中如何应对传媒
4	2小时	防灾避灾的设计与演练

10. 国际危机介入课程（CISD-CISM）

无国界社工与美国国际危机事件压力基金会（ICISF）合作在中国开展危机介入（个人/团体）培训课程。目前已在深圳成功举办。重大事件压力解说（Critical Incident Stress Debriefing，CISD）和危机干预（Crisis Intervention）课程在香港和海外是精神科医生、护士、临床心理学家、心理健康服务社工、学校心理学家、学校社工、外展青少年社工、禁毒工作者等都盼望参加的课程，危机管理（Critical Incident Stress Management，CISM）是工商界高级管理人员和企业公共关系高级人员都不能缺乏的知识。师资由ICISF直接委派美国资深老师任教，并颁发由美国ICISF授予的结业证书。凭证书可参加危机介入深造课程，最终可成为ICISF认可的授课导师。

表4　个人危机干预课程内容

节数	主题
第一节	概念、关键字与定义
第二节	你是否在聆听
第三节	危机沟通技巧
第四节	钻石沟通结构的应用
第五节	危机中常见心理反应
第六节	行动机制及危机介入的谨慎事项
第七节	较安全（Safer）个人危机介入模式
第八节	较安全（Safer）防止自杀危机介入模式

表5　团体危机干预课程内容

节数	主题
第一节	危机介入与危机管理
第二节	压力下心理及行为反应
第三节	危机介入策划与重大事件压力管理
第四节	危机介入资讯小组
第五节	危机介入互动小组之简介会（Defusing）
第六节	危机介入简介会练习
第七节	危机介入互动小组之解说会（Debriefing）
第八节	危机介入解说会角色扮演

图1

11. 我们的会徽

心形表示我们用爱心，协助处于困境的人士重建信心和希望。紫色代表心理治疗角色，表示本会的服务特色以心灵情绪支持为主。绿色代表生命力、丰富的精神生活，代表人类有无穷的生命力。底纹为地球，代表本会的服务无疆界。

12. 联系我们

网址：www.swab.org.hk

微信：swabhk

微博：@無國界社工

电邮：info@swab.org.hk

课程咨询联系人：周甜 candyzhou@swab.org.hk

参考文献

第一章:

Bigley, G., & Roberts, K. (2001). The Incident Command System: High-Reliability Organizing for Complex and Volatile Task Environments. *The Academy of Management Journal,* 44 (6): 1281-1299

第二章:

(1) The International Federation of Red Cross and Red Crescent Societies (2015). What is a Disaster? Retrieved from: http://www.ifrc.org/en/what-we-do/disaster-management/about-disasters/what-is-a-disaster/

(2) 钟起岱（2003）.九一二重建政策解析.台北：秀威出版社

(3) DeWolfe D. J. (2000). *Training Manual for Human Service Workers in Major Disasters.* 2nd Ed. Washington, DC: Department of Health and Human Services Substance Abuse and Mental Health Services Administration, Center for Mental Health Services; DHHS Publication No. ADM 90-538

(4) Zunin, L. M. & Myers, D., (2000). Phases of Disaster. In Dewolfe, D.J., *Training Manual*

for Human Service Workers in Major Disasters. 2nd Ed. Washington, DC: Department of Health and Human Services, Substance Abuse and Mental Health Services Administration, Center for Mental Health Services, DHHS Publication No. ADM 90-538, pg.5.Retrieved from: http://www.mentalhealth.org/publications/allpubs/ADM90-538/tmsection1.asp ，accessed 01/31/05

（5）Ehrenreich, J. H.（2001）. *Coping With Disasters: A Guidebook to Psychosocial Intervention*（Revised Edition）. Retrieved from: http://www.mhwwb.org

（6）Alexander, D. A.（1990）. Psychological Intervention for Victims and Helpers after Disasters. *British Journal of General Practice,* August, 345-348. Retrieved from: http://www.ncbi.nlm.nih.gov/pmc/articles/PMC1371315/pdf/brjgenprac00077-0035.pdf

（7）新华网.（2010）.专家：遇难者家属应适度发泄情绪,灾区心理重建迫在眉睫.2015-04-20. Retrieved from：http://news.xinhuanet.com/society/2010-08/23/c_12475332.htm

第三章：

（1）Seroka, C. M., Knapp, C., Knight, S., Siemon, C. R., & Starbuck, S.（1986）. A Comprehensive Program for Post-disaster Counseling. *Social Casework,* 67（1）:37—44

（2）Dufka, C.L.（1988）. The Mexico City Earthquake Disaster. *Social Casework Journal,* 69（3）:162—70

（3）Chou, Y. C.（2003）. Social Workers Involvement in Taiwan's 1999 Earthquake Disaster Aid: Implications for Social Work Education. *Social Work and Society,* 1, 14-36（Electronic Journal—http://www.socwork.de/Chou.html）

（4）Weaver, J. D., Dingman, R. L., Morgan, J. H., Barry A., & North, C. S.（2000）. The American Red Cross Disaster Mental Health Services: Development of a Cooperative, Single Function, Multidisciplinary Service Model. *The Journal of Behavioral Health Services & Research,* 27（3）: 314-320

（5）Dalberg, D.（2002）. Organizational Involvement in Disasters: a Case Study of the Salvation Army. *Social Work and Christianity,* 29（2）: Summer, 103-121

（6）刘书琪（2016）.回顾921台湾集集大地震.网易新闻，2016-02-06. Retrieved from: http://news.163.com/photoview/57KT0001/110237.html#p=BF500G8257KT0001

（7）Webster, S. A.（1995）. Disasters and Disaster Aid. *Encyclopedia of Social Work,* Vol.I, 19th. edition. Washington, DC: NASW

（8）Dodds, S. & Nuehring, E.（1996）. A Primer for Social Work Research on Disaster. *Journal of Social Service Research,* 22（1），27-56

（9）钟起岱（2003）.九一二重建政策解析.台北：秀威出版社.

（10）Chou, Y. C.（2003）. Social Workers Involvement in Taiwan's 1999 Earthquake Disaster Aid: Implications for Social Work Education.*Social Work and Society,* 1，14-36. Retrieved from: http://www.socwork.de/Chou.html

（11）周月清,王增勇,谢东儒,陶蕃瀛（2004）.九二一地震社会工作者灾变服务角色与功能探讨.灾难与重建—九二一震灾与社会文化重建论文集，203-256,台北："中央研究院台湾史研究所筹备处"

（12）Shader, R. I.（1966）. Management of Reactions to Disaster. *Social Work,* 11（2），99-104

（13）Iravani, M. R., & Ghojavand, K.（2005）.

Social Work Skills in Working with Survivors of Earthquake: A Social Work Intervention - Iran. *Social Work & Society,* 3(2), 265-272

（14）邓明昱, 王友平, 李建明（2016）.大地震灾后的学校心理辅导—教师指导手册, 台北：台湾大学心理学系

（15）Mitchell, J. T. & Everly, G. S. Jr.（2001）. *Critical Incident Stress Debriefing: An Operations Manual for CISD, Defusing and Other Group Crisis Intervention Services,* Third Edition. Ellicott City; MD: Chevron

（16）Roberts, A. R.（2002）. Assessment, Crisis Intervention, and Trauma Treatment: The Integrative ACT Intervention Model. *Brief Treatment and Crisis Intervention,* 2(1), 1-22

（17）黄匡忠（2011）. 跨境灾难：社会工作案例分析. 香港：无国界社工

第四章：

（1）甘炳光，胡文龙，冯国坚，梁祖彬（1997）. 社区工作技巧. 香港：香港中文大学出版社

（2）黄匡忠（2011）. 跨境灾难：社会工作案例分析. 香港：无国界社工

（3）Roberts, A. R.（2002）. Assessment, Crisis

Intervention, and Trauma Treatment: The Integrative ACT Intervention Model. *Brief Treatment and Crisis Intervention*, Vol.2（1），1-22

（4）黄洪（2009）.妇女就业与精神健康调查报告.香港：香港妇女中心协会

（5）Ehrenreich, J. H. （2001）.*Coping with Disaster: A Guidebook to Psychosocial Intervention* （Revised Edition）.Retrieved Feb. 13, 2015 ,from http://otp.unesco-ci.org/training-resource/emergency-relief/coping-disasters-guidebook-psychosocial-intervention

第五章：

（1）黄匡忠（2011）. 跨境灾难：社会工作案例分析.香港：无国界社工

（2）Wainrib, B. R. & Bloch, E.（1998）. *Crisis Intervention and Trauma Response*, NY: Springer. 黄惠美、李巧双译（2001）. 危机介入与创伤反应：理论与实务.台北：心理出版社

（3）高刘宝慈，朱亮基（1997）. 个人工作与家庭治疗：理论及个案.香港：香港中文大学出版社

（4）Wainrib, B. R. & Bloch, E.（1998）. *Crisis Intervention and Trauma Response*, New York: Springer

Publishing Company

(5) Roberts, A. R. (2002). Assessment, Crisis Intervention, and Trauma Treatment: The Integrative ACT Intervention Model. *Brief Treatment and Crisis Intervention,* Vol.2 (1), 1-22

(6) Wainrib, B. R., & Bloch, E. (1998). *Crisis Intervention and Trauma Response.* New York: Springer Publishing Company

(7) Humphrey, G. M., & Zimpfer, D. G. (1996). *Counselling for Grief and Bereavement.* Wiltshire: The Cromwell Press.

(8) Corr, C., & Doka, K. J. (1994). Current Models of Death, Dying and Bereavement. *Critical Care Nursing Clinics of North America,* 6, 545-552

(9) Worden, J. W. (2002). *Grief Counseling and Grief Therapy: a Handbook for the Mental Health Practitioner* (3rd edition). New York: Springer Publishing Company

(10) 陈维梁,钟莠荺 (1999). 哀伤辅导手册：概念与方法.香港：赈明会

(11) Mitchell, J. T. & Everly, G. S. (1986). Critical Incident Stress Management. *Response,* September/October, 24-25

（12）Ehrenreich, J. H.（2001）.*Coping with Disaster: A Guidebook to Psychosocial Intervention*（Revised edition）.Retrieved Feb. 13, 2015 from http://otp.unesco-ci.org/training-resource/emergency-relief/coping-disasters-guidebook-psychosocial-intervention

第六章：

（1）Worden, J. W.（2008）. *Grief Counseling and Grief Therapy: A Handbook for the Mental Health Practitioner,* 4th Ed. New York: Springer

（2）Rando, T. A.（1993）.*Treatment of Complicated Mourning.* Champaign. IL: Research Press

（3）叶大为（2008）. 向伤痛说再见：地震灾后心理援助指南. 香港：香港基督教辅导学院

（4）李咏茜（2008）. 创伤后压力症资料及自助手册. 香港心理学会临床心理学组，香港大学心理学系，http://www.dcp.hkps.org.hk/downloads/self_help/PTSD%20self%20help%20manual%20%20Sichuan%200508.pdf

第七章：

（1）黄匡忠（2011）.跨境灾难：社会工作案例分析. 香港：无国界社工

（2）Van Ommeren M., Saxena, S., & Saraceno, B.（2005）. Aid after Disasters. British Medical Journal. 330（7501）:1160-1. Retrieved from: http://dx.doi.org/10.1136/bmj.330.7501.1160 pmid: 15905230

（3）Peterson, C., & Seligman, M. E. P.（2004）. *Character Strengths and Virtues: A Handbook and Classification.* New York: Oxford University Press and Washington, DC: American Psychological Association

（4）陈丽云（2009）.身心灵全人健康模式——中国文化与团体心理辅导（万千心理）.北京：中国轻工业出版社

第八章：

（1）香港政府渔农自然护理署（2015）. 郊野公园远足安全指引.香港：渔农自然护理署. Retrieved from:

http://www.afcd.gov.hk/tc_chi/country/cou_wha/cou_wha_whe_sat.html

（2）Ehrenreich, J. H.（2001）.*Coping with Disaster: A Guidebook to Psychosocial Intervention*（Revised edition）.Retrieved Feb. 13, 2015 from http://otp.unesco-ci.org/training-resource/emergency-relief/coping-disasters-guidebook-psychosocial-intervention

后 记

无国界社工起源于2004年的南亚海啸，一群有志的香港社工通过"无国界行动"前往泰国寇立，支援当地救灾工作。随后，越来越多的社工加入了救援的行动计划中，成为各个灾区接力的"心灵天使"。2006年，无国界社工正式在香港注册成为免税慈善团体，十载倏尔而过，无数跟我们前往灾区的社工用专业和精神陪伴着灾民度过了最难熬的日子。

2008年汶川大地震后，中国内地社工的身影逐渐出现在各个灾区，如玉树、舟曲、雅安，灾难社会工作也随之发展。越来越多的经验和实践让我们看到社工在灾难发生后的角色和重要性。2015年，顺德、深圳、重庆等各地民政系统开始组成灾害社工队，灾害社工的培训需求日益迫切。最近，天津和深圳发生特大生产事故，是对灾害社工能力的严峻考验。

灾害社会工作领域急需实用性、操作性强的手册，供社工学习参考。无国界社工在成立十年之际，特整理十年来实践累积的灾难救援经验，编辑成书。此书由无国界社工董事、北京师范大学-香港浸会大学联合国际学院黄匡忠教授主编，无国界社工、同事及义工共同撰写、整理，供广大社福界朋友参考。

灾害社会工作支援手册

参与本书整理、翻译、撰写的作者如下：

编辑委员会：

主编：黄匡忠

委员：励娜　江紫红　周甜　何姗

撰写及资料提供：

第一章：罗晓岚

第二章：周甜

第三章：黄匡忠

第四章：江紫红

第五章：何姗　江紫红　麦锦妙　黎诗敏

第六章：江紫红

第七章：廖思源　林启芳　周甜

第八章：江紫红　黄嘉宝

因条件所限，本书难免存在差错，还请社工界同仁不吝赐教、批评指正。

无国界社工
2015年12月